「十四五」國家重點出版物出版規劃項目

二〇二一—二〇三五年國家古籍工作規劃重點出版項目

中華古籍保護計劃

ZHONG HUA GU JI BAO HU JI HUA CHENG GUO

·成果·

國家珍貴古籍叢刊

宋本周易

（三國魏）王弼
（晉）韓康伯 注
（唐）陸德明 釋文

國家圖書館出版社

圖書在版編目（CIP）數據

宋本周易 /（三國魏）王弼，（晋）韓康伯注；（唐）陸德明釋文. -- 北京：國家圖書館出版社, 2024.12. --（國家珍貴古籍叢刊）. ISBN 978-7-5013-8177-7

Ⅰ. B221.2

中國國家版本館CIP數據核字第2024S1794V號

書　　名　宋本周易
著　　者　（三國魏）王　弼　（晋）韓康伯　注
　　　　　（唐）陸德明　釋文
叢 書 名　國家珍貴古籍叢刊
責任編輯　張珂卿
封面設計　翁　涌

出版發行　國家圖書館出版社（北京市西城區文津街7號　100034）
　　　　　（原書目文獻出版社　北京圖書館出版社）
　　　　　010-66114536　63802249　nlcpress@nlc.cn（郵購）
網　　址　http://www.nlcpress.com
排　　版　愛圖工作室
印　　裝　北京金康利印刷有限公司
版次印次　2024年12月第1版　2024年12月第1次印刷

開　　本　710×1000　1/16
印　　張　15
書　　號　ISBN 978-7-5013-8177-7
定　　價　120.00圓

《國家珍貴古籍叢刊》編纂委員會

《國家珍貴古籍叢刊》前言

中國古代文獻典籍是中華民族創造的重要文明成果。這些典籍承載着中華五千年的悠久歷史，不僅是中華優秀傳統文化的重要載體之一，還是民族凝聚力和創造力的重要源泉，更是人類珍貴的文化遺産。

黨的十八大以來，以習近平總書記爲核心的黨中央站在實現中華民族偉大復興的戰略高度，對傳承和弘揚中華優秀傳統文化作出一系列重大決策部署。習近平總書記多次圍繞中華優秀傳統文化保護弘揚、挖掘闡發、傳播推廣、融合發展作出重要論述，强調『要加强對中華優秀傳統文化的挖掘和闡發』，讓『書寫在古籍裏的文字都活起來』。二〇二三年，習近平總書記在文化傳承發展座談會上强調，祇有全面深入瞭解中華文明的歷史，纔能更有效地推動中華優秀傳統文化創造性轉化、創新性發展，更有力地推進中國特色社會主義文化建設，建設中華民族現代文明。黨和國家的高度重視和大力支持，把中華珍貴典籍的保護和傳承工作推上了新的歷史高度。

保護好、傳承好、利用好這些文獻典籍，對於傳承和弘揚中華民族優秀傳統文化，維護國家統一和民族團結，推動社會主義文化大發展大繁榮，促進國際文化交流和構建人類命運共同體，都具有十分重要的意義。二〇〇七年，國家啓動了『中華古籍保護計劃』。該計劃在文化和旅游部領導下，由國家古籍保護中心負責實施，十餘年來，古籍保護成效顯著，在社會上産生了極大反響。迄今爲止，國務院先後公布了六批《國家珍貴古籍名録》，收録了全國各藏書機構及個人收藏的珍貴古籍一萬三千零二十六部。

爲深入挖掘這些寶貴的文化遺産，更好地傳承文明、服務社會，科學合理有效地解决古籍收藏與利用的矛盾，二〇二四年，國家古籍保護中心啓動《國家珍貴古籍叢刊》叢書項目。該項目入選《二〇二一—二〇三五年國家古籍工作規劃》重點出版項目，是貫徹落實新時代弘揚中華優秀傳統文化的重要舉措。

本《叢刊》作爲古籍數字化的有益補充，將深藏内閣大庫的善本古籍化身千百，普惠廣大讀者。根據『注重普及、體現價值、避免重複』的原則，從入選第一至六批《國家珍貴古籍名録》的典籍中遴選出『時代早、流傳少、價值高，經典性較强、流傳度較廣』的存世佳槧爲底本，尤其重視『尚未出版過的、版本極具特殊性的、内容膾炙人口的』善本。通過『平民化』的出版方式進行全文高精彩印，以合理的價格、上乘的印刷品質讓大衆看得到、買得起、用得上。旨在用大衆普及活化推廣方式出版國家珍貴古籍，讓這些沉睡在古籍中的文字重新煥發光彩，爲學術界、文化界乃至廣大讀者提供豐富的學術資料和閱讀享受，更爲廣大學者、古籍保護從業人員、古籍收藏愛好者從事學術研究、版本鑒定、保護收藏等提供一部極爲重要的工具書。

本《叢刊》由國家圖書館出版社出版，在編纂過程中，保持古籍的原貌，力求做到影印清晰、編排合理。本《叢刊》不僅全文再現古籍的内容，每部書還附一篇名家提要，爲研究古籍流傳、版本變遷、學術思想等内容，提供重要資料。通過本《叢刊》的出版，我們相信對於推動古籍整理與研究工作、傳承中華優秀傳統文化、增强民族文化自信具有重要意義，也將有助於更多的人瞭解和認識中華文化的博大精深，激發人們對傳統文化的熱愛與傳承意識，爲中華民族的偉大復興貢獻力量。

《國家珍貴古籍叢刊》項目啓動以來，得到專家學者的廣泛關注，以及全國各大圖書館的大力支持。同時，我們也期待更多的學者、專家及廣大讀者能够關注和支持古籍保護工作，共同爲傳承和弘揚中華優秀傳統文化而努力。

國家古籍保護中心

二〇二四年九月

《國家珍貴古籍叢刊》出版説明

爲更好地傳承文明，服務社會，科學合理有效地解决古籍收藏與利用的矛盾，國家古籍保護中心聯合全國古籍重點保護單位，開展《國家珍貴古籍叢刊》高精彩印出版項目，以促進古籍保護成果的揭示、整理與利用，加强古籍再生性保護和研究。

《叢刊》所選文獻按照『注重普及、體現價值、避免重複』的原則，遴選出『時代早、流傳少、價值高，經典性較强、流傳度較廣』的存世佳槧爲底本高精彩印。按經、史、子、集分類編排，所選每種書均單獨印行，分批陸續出版。各書延聘專家撰寫提要，介紹該文獻著者、基本内容及其學術價值、版本價值，同時説明入選《國家珍貴古籍名録》批次、名録號等；各書編有詳細目録、設置書眉，以便讀者檢索和閲讀；正文前列牌記展示該文獻館藏單位、版本情況和原書尺寸信息。

國家圖書館出版社

二〇二四年九月

周易

（三國魏）王弼（晋）韓康伯 注
（唐）陸德明 釋文

宋刻本

據國家圖書館藏宋刻本
影印原書版框高十八點
三厘米寬十三點一厘米

《周易》九卷，三國魏王弼、晉韓康伯注，唐陸德明釋文。《周易略例》一卷，三國魏王弼撰，唐邢璹注。宋刻本。明董其昌、文嘉、文震孟、文從簡題款。清秦蕙田跋。此本入選第一批《國家珍貴古籍名録》（名録號〇〇一九一）。

《周易》爲群經之首，由上下經及十翼（《彖》上下、《象》上下、《繫辭》上下、《文言》、《説卦》、《序卦》、《雜卦》）組成，相傳伏羲氏始作八卦，文王演爲六十四卦，孔子作十翼，故《漢書·藝文志》云：『《易》道深矣，人更三聖（伏羲、文王、孔子），世歷三古。』秦始皇焚書禁學，而《周易》爲筮卜之書，傳者不絶。漢魏以來，注者蜂起。唐孔穎達《周易正義序》云：『其傳《易》者，西都則有丁（丁寬）、孟（孟喜）、京（京房）、田（田何），東都則有荀（荀爽）、劉（劉表）、馬（馬融）、鄭（鄭玄），大體更相祖述，非有絶倫。唯魏世王輔嗣之注獨冠古今。所以江左諸儒，并傳其學；河北學者，罕能及之。』孔穎達以王弼注爲本作《注疏》，傳誦至今，其餘諸家注并廢，僅存逸句而已。

宋代雕版印刷技術成熟之後，儒家經書成爲從朝廷到地方官府以及民間刻書的首要内容，有『六經』『九經』『九經三傳』等經書叢刻，也有零散刊刻的單種經書，版本類型十分豐富。傳承至今的宋刻《周易》經注本僅四部，此本之外，有天禄琳琅舊藏宋淳熙、乾道間刻本，今藏國家圖書館，有宋淳熙間撫州公使庫刻遞修本，今藏國家圖書館，均爲單經注本，不附入釋文；有宋末坊間所刻『纂圖互注』本，書中附有『重言』『重意』『互注』『釋文』及經圖，臺北『國家圖書館』收藏一部。此外有南宋初兩浙東路茶鹽司刻宋元遞修本《周易注疏》，爲經、注、疏合刻本，國家圖書館及日本足利學校各收藏有一部。現在影印的這部《周易》爲經、注附釋文本，是南宋書坊爲便於讀者閱讀而合編的經書版本。

此本半葉十二行，行二十一、二十二字不等，小字雙行二十八字，白口，左右雙邊。宋諱缺筆至『慎』字，故瞿氏《鐵琴銅劍樓藏書目録》推斷爲宋孝宗時刊本。秦蕙田跋謂『真北宋佳本』，實屬誤鑒，并無依據。傅增湘《藏園訂補郘亭知見傳本書目》卷一著録稱：『字體秀勁，如鐵畫銀鈎……此爲傳世《周易》王弼注最佳之本。』《中國版刻圖録》云：『書體秀媚，字近瘦金體，知是南宋初葉建陽坊本。文字較他本多勝處。傳世宋版《周易》除淳熙間撫州公使庫刻本外，當推此爲最善之本。』此本文字之勝處，除《鐵琴銅劍樓藏書目録》所舉若干條外，民國間孟森曾撰《宋本周易注附釋文校記》《相臺本周易校記》兩文，有詳細考證。

書末有明天啓七年（一六二七）董其昌題款一行，稱『觀于頑仙廬』，『頑仙廬』係陳繼儒堂號，知曾爲陳氏收藏。又明崇禎五年（一六三二）文震孟題款、崇禎七年文從簡題款各一篇，文震孟題云『黄子羽携過清瑶嶼』，則亦經黄翼聖（字子羽）插架。明末歸毛氏汲古閣，鈐有『海虞毛晋子晋圖書記』等印。入清後，迭經徐乾學、秦蕙田、汪士鐘、于昌進、瞿氏鐵琴銅劍樓等名家遞藏，鈐印纍纍。另書中所鈐『約齋』『伯符』『叔介』『昌胤』等印，從鈐蓋位置、印色等處審之，均爲明人印鑒，印主不詳。

民國間，常熟瞿氏鐵琴銅劍樓曾經影印此本，題作『景宋單注本周易』。日本昭和三年（一九二八），東京文求堂據瞿氏影印本影刻，雕鏤甚精，頗肖原書。今兩本均不易得見。兹據國家圖書館藏原本影印，以供參考。（樊長遠）

目録

周易上經

王弼註

周易上經乾傳第一

○周代名也周至也遍也備也今名書義取周普易盈隻反此經名也虞翻注參同契云字從日下月上者對下立名經者常也法也徑也由也乾卦名傳直戀反以傳述爲義謂夫子十翼也解見發題第亦作弟

王弼注○本亦作王輔嗣註音張具反今本或无注字師說无者非

唐國子博士兼太子中允贈齊州刺史吳
縣開國男陸　德明　釋文附

䷀ 乾下乾上 乾元亨利貞初九潛龍勿用文言備矣○乾竭然反依字作乾下乙乾從旦於於音偃說卦云乾健也此八純卦象天亨許庚反卦德也訓通也餘放此潛捷鹽反龍喻陽氣及聖人九二見龍在田利見大人出潛離隱故曰見龍處於地上故曰在田德施周普居中不偏雖非君位君之德也初則不彰三則乾乾四則或躍上則過亢利見大人唯二五焉○見龍賢遍反示也注及下見龍皆同利見如字下皆同大人王肅云聖人在位之目離力智反處昌呂反衆經不音者放此施始豉反與也偏音篇過古臥反諸經內皆同九三君子終日乾乾夕惕若厲无咎處下體之極居上體之下在不中之位履重剛之險上不在天未可以安其尊也下不在田未可以寧其居也純修下道則居上之德廢純修上道則處下之禮曠故終日乾乾至于夕惕猶若厲也居上不驕在下不憂因時而惕不失其幾雖危而勞可以无咎處下卦之極愈於上九之

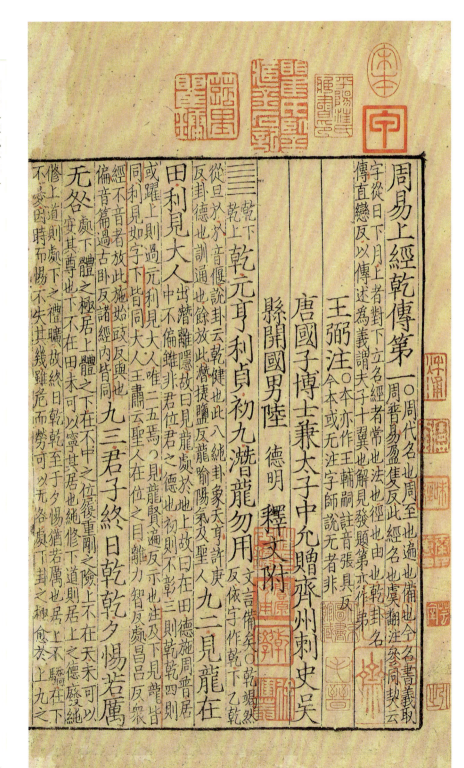

元故竭知力而後免於咎也乾三以處下卦之上故免亢龍之悔坤三以處下卦之上故免龍戰之災○惕他歷反怵惕也鄭玄云懼也廣雅同厲力世反危也无音無易内皆作此字說文云奇字無也通於无者虛无道也王述說天屈西北爲无咎其久反易内同重直龍反下同知音智

九四或躍在淵无咎去下體之極居上體之下乾道革之時也上不在天下不在田中不在人履重剛之險而无定位所處斯誠進退无常之時也近乎尊位欲進其道迫乎在下非躍所及欲靜其居居非所安持疑猶豫未敢決志用心存公進不在私疑以爲慮不謬於果故无咎也○躍羊灼反廣雅云上也上時掌反所處一本作可處近附近之近猶以救反豫音預謬靡幼反本或作繆音同

九五飛龍在天利見大人不行不躍而在乎天非飛如何故曰飛龍也龍德在天則大人之路亨也夫位以德興德以位叙以至德而處盛位萬物之覩不亦宜乎○夫音符下皆同

上九亢龍有悔用九見羣龍无首吉九天之德也能用天德乃見羣龍之義焉夫以剛健而居人之首則物之所不與也以柔順而爲不正則佞邪之道也故乾吉在无首坤利在永貞○亢苦浪反子夏傳云極也廣雅云高也佞乃定反邪字又作耶似嗟反

彖曰大哉乾元萬物資始乃統天雲行雨施品物流形大明終始六位時成時乘六龍以御天乾道變化各正性命天也者形之名也健也者用形者也夫形也者物之累也有天之形而能永保无虧爲物之首統之者豈非至健哉大明乎終始之道故六位不失其時而成升降无常隨時而用處則乘潛龍出

則乘飛龍故曰時乘六龍也乘變化而御大器靜專動直不失大和豈非正性命之情者邪○彖吐亂反斷也斷都亂反資鄭云資取也統鄭云統本也行如字施始豉反卦內皆同累劣僞反邪或作耶同餘嗟反後協句辭皆放此保合大和乃利貞不和而剛暴首出庶物萬國咸寧萬物所以寧各以有君也象曰天行健君子以自強不息潛龍勿用陽在下也見龍在田德施普也終日乾乾反復道也以上言之則不驕以下言之則不憂反復皆合道也○象翔丈反精象擬象也強其良反復芳服反注同本亦作覆或躍在淵進无咎也飛龍在天大人造也亢龍有悔盈不可久也用九天德不可爲首也文言曰元者善之長也亨者嘉之會也利者義之和也貞者事之幹也君子體仁足以長人嘉會足以合禮利物足以和義貞固足以幹事君子行此四德者故曰乾元亨利貞初九潛龍勿用何謂也子曰龍德而隱者也不易乎世不爲世俗所移易也○造鄭徂早反爲也王肅七到反就也至也劉歆父子作聚文言文飾卦下之言也夫子之十翼梁武帝云文言是文王所制長張丈反幹古旦反體仁

如字京房荀爽董遇本作體信利物孟喜京荀陸績作利之不成乎名遯世无悶不見是而无悶樂則行之憂則違之確乎其不可拔潛龍也九二曰見龍在田利見大人何謂也子曰龍德而正中者也庸言之信庸行之謹閑邪存其誠善世而不伐德博而化易曰見龍在田利見大人君德也九三曰君子終日乾乾夕惕若厲无咎何謂也子曰君子進德修業忠信所以進德也修辭立其誠所以居業也知至至之可與言幾也知終終之可與存義也處一體之極是至也居一卦之盡是終也處事之至而不犯咎知至者也故可與成務矣處終而能全其終知終者也夫進物之速者義不若利存物之終者利不及義故靡不有初鮮克有終夫可與存義者其唯知終者乎〇不成乎名一本作不成名遯徒頓反悶門遜反樂音洛確苦學反堅高之皃説文云高至拔蒲八反鄭云移也廣雅云出也庸行下孟反邪似嗟反下同幾既依反注同理初始微名幾能全一本作能令鮮本亦作尟同仙善反少也是故居上位而不驕在下位而不憂居下體之上在上體之下明夫終敝故不驕也知夫至至故不憂也故乾乾因其

時而惕雖危无咎矣惕怵惕之謂也處事之極失時則廢懈怠則曠故因其時而惕雖危无咎○怵勑律反懈佳賣反九四曰或躍在淵无咎何謂也子曰上下无常非
爲邪也進退无恒非離羣也君子進德修業欲及時也
故无咎九五曰飛龍在天利見大人何謂也子曰同聲
相應同氣相求水流濕火就燥雲從龍風從虎聖人作
而萬物覩本乎天者親上本乎地者親下則各從其類
也上九曰亢龍有悔何謂也子曰貴而无位高而无民
下无陰也○上下並如字王肅上時掌反離力智反應應對之應易內不出者並同濕申入反燥蘇早先皁二反作如字鄭云起也馬融作起
賢人在下位而无輔賢人雖在下而當位不爲之助○當都浪反易內皆同有異者別出是以動而
有悔也處上卦之極而不當位故盡陳其闕也獨立而動物莫之與矣○乾文言首不論乾而先說元下乃曰乾何也夫乾者統行四事
者也君子以自強不息行此四者故首不論乾而下曰乾元亨利貞餘爻皆
說龍至於九三獨以君子爲目何也夫易者象也象之所生生於義也有斯
義然後明之以其物故以龍敘乾以馬明坤隨其事義而取象焉是故初九
九二龍德皆應其義故可論龍以明之也至於九二乾乾夕惕非龍德也明

以君子當其象矣統而舉之乾之體皆龍別而叙之各隨其義○盡津忍反當其如字潛龍勿用下也見龍在田時舍也終日乾乾行事也或躍在淵自試也飛龍在天上治也亢龍有悔窮之災也乾元用九天下治也此一章全以人事明之也九陽也陽剛直之物也夫能全用剛直放遠善柔非天下至理未之能也故乾元用九則天下治也夫識物之動則其所以然之理皆可知也龍之爲德不爲妄者也潛而勿用何乎必窮處於下也見而在田必以時之通舍也以爻爲人以位爲時人不妄動則時皆可知也文王明夷則主可知矣仲尼旅人則國可知矣○治直吏反下及注同遠于萬反見賢遍反潛龍勿用陽氣潛藏見龍在田天下文明終日乾乾與時偕行與天時俱不息或躍在淵乾道乃革飛龍在天乃位乎天德亢龍有悔與時偕極與時運俱終極乾元用九乃見天則此一章全說天氣以明之也九剛直之物唯乾體能用之用純剛以觀天天則可見矣乾元者始而亨者也利貞者性情也不爲乾元何能通物之始不性其情何能久行其正是故始而亨者必乾元也利而正者必性情也乾始能以美利利天下不言所利大矣哉大哉乾乎剛健中正純粹精也六爻發揮旁通情也時

乘六龍以御天也雲行雨施天下平也君子以成德爲行日可見之行也潛之爲言也隱而未見行而未成是以君子弗用也君子學以聚之問以辯之以君德而處下體資納於物者也○粹雖遂反揮音輝廣雅云動也王肅云散也本亦作輝義取光輝行下孟反下之行行而皆同日人實反見賢遍反辯如字徐扶免反寬以居之仁以行之易曰見龍在田利見大人君德也九三重剛而不中上不在天下不在田故乾乾因其時而惕雖危无咎矣九四重剛而不中上不在天下不在田中不在人故或之或之者疑之也故无咎夫大人者與天地合其德與日月合其明與四時合其序與鬼神合其吉凶先天而天弗違後天而奉天時天且弗違而況於人乎況於鬼神乎亢之爲言也知進而不知退知存而不知亡知得而不知喪其唯聖人乎知進退存亡而不

失其正者其唯聖人乎○重直龍反下同夫音符發端之字皆放此先悉薦反後胡豆反喪息浪反聖人乎王肅本作愚人後結始作聖人

☷坤下☷坤上坤元亨利牝馬之貞坤貞之所利利於牝馬也馬在下而行者也而又牝焉順之至也至順而後乃亨故唯利於牝馬之貞○坤本又作巛巛今字也同困塊反說卦云順也八純卦象地牝頻忍反徐邈扶忍反又扶死反君子有攸往先迷後得主利西南得朋東北喪朋安貞吉西南致養之地與坤同道者也故曰得朋東北反西南者也故曰喪朋陰之爲物必離其黨之於反類而後獲安貞吉○攸音由所也喪息浪反馬云失也下及注並同離力智反彖曰至哉坤元萬物資生乃順承天坤厚載物德合无疆含弘光大品物咸亨牝馬地類行地无疆地之所以得无疆者以卑順行之故也乾以龍御天坤以馬行地○疆或作壃同居良反下及注同柔順利貞君子攸行先迷失道後順得常西南得朋乃與類行東北喪朋乃終有慶安貞之吉應地无疆地也者形之名也坤也者用地者也夫兩雄必爭二主必危有地之形與剛健爲耦而能永保无疆用之者不亦至順乎若夫行之不以牝馬利之不以永貞方而又剛柔而又圓求安難哉○爭爭鬬之爭象

曰地勢坤地形不順其勢順君子以厚德載物初六履霜堅冰至始於履霜至于堅冰所謂至柔而動也剛陰之爲道本於卑弱而後積著者也故取履霜以明其始陽之爲物非基於始以至於著者也故以出處明之則以初爲潛○履如字鄭讀爲礼著張慮反衆經不音者皆同象曰履霜堅冰陰始凝也馴致其道至堅冰也六二直方大不習无不利居中得位極於地質任於自然而物自生不假修營而功自成故不習焉而无不利者○凝魚冰反馴似遵反向秀云從也徐音訓此依鄭義任而鴆反衆經皆同象曰六二之動直以方也動而直方任其質也不習无不利地道光也六三含章可貞或從王事无成有終三處下卦之極而不疑於陽應斯義者也不爲事始須唱乃應待命乃發含美而可正者也故曰含章可貞也有事則從不敢爲首故曰或從王事也不爲事主順命而終故曰无成有終也象曰含章可貞以時發也或從王事知光大也知慮光大故不擅其美○知音智注同擅善戰反六四括囊无咎无譽處陰之卦以陰居陰履非中位无直方之質不造陽事无含章之美括結否閉賢人乃隱施慎則可非泰之道○括古活反方言云閉也廣雅云塞也囊乃剛反譽音餘又音預造七到反又曹早反否皮鄙反閉必計反字林方結反云闔也施慎並如字慎謹也象詞同本或作順非象曰括囊无咎慎不害也六五

黃裳元吉黃中之色也裳下之飾也坤爲臣道美盡於下夫體无剛健而能極物之情通理者也以柔順之德處於盛位任夫文理者也垂黃裳以獲元吉非用武者也極陰之盛不至疑陽以文在中美之至也○飾申職反本或作餝俗字象曰黃裳元吉文在中也用黃裳而獲元吉以文在中也上六龍戰于野其血玄黃陰之爲道卑順不盈乃全其美盛而不已固陽之地陽所不堪故戰于野象曰龍戰于野其道窮也用六利永貞用六之利利永貞也象曰用六永貞以大終也能以永貞大終者也文言曰坤至柔而動也剛至靜而德方動之方正不爲邪也柔而又圓消之道也其德至靜德必方也○坤至柔本或有文言曰者邪似嗟反後得主而有常含萬物而化光坤道其順乎承天而時行積善之家必有餘慶積不善之家必有餘殃臣弒其君子弒其父非一朝一夕之故其所由來者漸矣由辯之不早辯也易曰履霜堅冰至蓋言順也直其正也方其義也君子敬以直內義以方外敬義立而德不孤直方大不習无不利則不疑其所

行也陰雖有美含之以從王事弗敢成也地道也妻道也臣道也地道无成而代有終也天地變化草木蕃天地閉賢人隱易曰括囊无咎无譽蓋言謹也君子黃中通理正位居體美在其中而暢於四支發於事業美之至也陰疑於陽必戰辯之不早疑盛乃動故必戰○殃於良反鄭云禍惡也說文云凶也弑式志反本或作殺音同下同辯如字馬云別也荀作變言順如字直方大不習无不利則不疑其所行張璠本此上有易曰衆家皆无蕃伐袁反暢勑亮反疑如字荀虞姚信蜀才本作疑爲其嫌於无陽也爲其嫌於非陽而戰○爲胡僞反注同嫌户謙反注同鄭作謙荀虞陸董作嗛故稱龍焉猶未離其類也猶未失其陰類爲陽所滅○離力智反故稱血焉猶與陽戰而相傷故稱血夫玄黃者天地之雜也天玄而地黃

䷂震下坎上屯元亨利貞剛柔始交是以屯也不交則否故屯乃大亨也大亨則无險故利貞○屯張倫反難也盈也坎宮二世卦否備鄙反勿用有攸往往益屯也利建侯得主則定○定本亦作寧彖曰屯剛柔始交而難生動乎險中大亨貞始於險難至於大亨而後全正故曰屯元亨利

貞○難乃旦反卦內除六二注難可餘並同賈逵注周語云畏憚也雷雨之動滿盈雷雨之動乃得滿盈皆剛柔始交之所爲天造草昧宜建侯而不寧屯體不寧故利建侯也屯者天地造始之時也造物之始始於冥昧故曰草昧也處造始之時所宜之善莫善於建侯也○造徂早反注同草昧音妹廣雅云草造也董云草昧微物而辭也鄭讀而曰能能猶安也

象曰雲雷屯君子以經綸君子經綸之時○經論音倫鄭如字謂論撰書禮樂施政事黃頴云經論匡濟也本亦作綸

初九磐桓利居貞利建侯處屯之初動則難生不可以進故磐桓也處此時也其利安在不唯居貞建侯乎夫息亂以靜守靜以侯安民在正弘正在謙屯難之世陰求於陽弱求於強民思其主之時也初處其首而又下焉爻備斯義宜其得民也○磐桓馬云旋也磐亦作盤又作槃音步干反

象曰雖磐桓志行正也不可以進故磐桓也非爲宴安棄成務也故雖磐桓志行正也○宴本亦作晏安各依字晏一諫反宴一見反以貴下賤大得民也陽貴而陰賤也○下遐嫁反

六二屯如邅如乘馬班如匪寇婚媾女子貞不字十年乃字志在乎五不從於初屯難之時正道未行與初相近而不相得困於侵害故屯邅也時方屯難正道未通涉遠而行難可以進故曰乘馬班如也寇謂初也无初之難則與五婚矣故曰匪寇婚媾也志在於五不從於初故曰女子貞不字也屯難之世勢不過十年者也十年則反常反常則本志斯獲矣故曰十年乃字○屯如如字夏傳云如辭也邅張連反馬云難行不進之貌乘繩證反四馬曰乘

下及注並同鄭云馬牝牡曰乘子夏傳音繩班如字子夏傳云相牽不進皃鄭本作般媾古后反馬云重婚本作冓鄭云猶會本或作搆者非近附近之近下近並同又如字象曰六二之難乘剛也十年乃字反常也六三即鹿无虞惟入于林中君子幾不如舍往吝三既近五而无冠難四雖比五其志在初不妨己路可以進而无屯邅也見路之易不揆其志五應在二往必不納何異无虞以從禽乎雖見其禽而无其虞徒入于林中其可獲乎幾辭也夫君子之動豈取恨辱哉故不如舍往吝窮也○鹿王肅作麓云山足幾徐音祈注同又音機近也速也鄭作機云弩牙也舍式夜反止也注下同徐音捨吝力刃反又力愼反馬云恨也比毗志反下皆同易以豉反揆葵癸反從如字鄭黃子用反象曰即鹿无虞以從禽也君子舍之往吝窮也六四乘馬班如求婚媾往吉无不利二雖比初執貞不從不害己志者也求與合好往必見納矣故曰往吉无不利○好呼報反象曰求而往明也見彼之情狀也九五屯其膏小貞吉大貞凶處屯難之時居尊位之上不能恢弘博施无物不與拯濟微滯亨于羣小而繫應在二屯難其膏非能光其施者也固志同好不容他間小貞之吉大貞之凶○恢苦回反大也施式豉反下及文皆同拯拯救之拯亨許庚反間間廁之間象曰屯其膏施未光也上六乘馬班如泣血漣如處險難之極下无應援進无所適雖比於五五屯其膏不與相得居不獲

安行无所適窮困闉阨无所委仰故泣血漣如○漣音連説文云泣下也援于眷反又音袁闉音堙塞也春秋傳云當陳隧者井堙木刋是阨於葦反仰如字又魚亮反象曰泣血漣如何可長也○長直良反

䷃坎下艮上蒙亨匪我求童蒙童蒙求我初筮告再三瀆瀆則不告筮者決疑之物也童蒙之來求我欲決所惑也決之不一不知所從則復惑也故初筮則告再三則瀆瀆蒙也能為初筮其唯二乎以剛處中能斷夫疑者也○蒙莫公反蒙蒙也稚也稽覽圖云无以教天下曰蒙方言云蒙萌也離宮四世卦童如字字書作僮鄭云未冠之稱廣雅云癡也筮巿制反鄭云問告古毒反示也語也三息暫反又如字瀆音獨亂也鄭云褻也復扶又反斷丁亂反夫音扶六五注同利貞蒙之所利乃利正也夫明莫若聖昧莫若蒙蒙以養正乃聖功也然則養正以明失其道矣

彖曰蒙山下有險險而止蒙退則困險進則閡山不知所適蒙之義也○閡五代反蒙亨以亨行時中也時之所願唯願亨也以亨行之得時中也○中張仲反注時中決中同又如字和也匪我求童蒙童蒙求我志應也我謂非童蒙者也非童蒙者即陽也凡不識者求問識者識者不求所告闇者求明明者不諮於闇故蒙之為義匪我求童蒙童蒙求我也童蒙之來求我志應故也○童蒙求我一本作來求我諮本亦作咨又作資並通初筮告以剛中也謂二也二為衆陰之主也无剛決中何由得初筮之告乎再三瀆瀆則不告瀆蒙也蒙以養

正聖功也象曰山下出泉蒙山下出泉未知所適蒙之象也君子以果行
育德果行者初筮之義也育德者養正之功也○行下孟反六三注象同初六發蒙利用刑人用
說桎梏以往吝處蒙之初二照其上故蒙發也蒙發疑明刑說當也以往吝刑不可長○說吐活反注同徐又音稅桎音
質梏古毒反在足曰桎在手曰梏小爾雅云杻謂之梏械謂之桎杻音丑象曰利用刑人以正法也刑人之道
道所惡也以正法制故刑人也○惡烏路反九二包蒙吉納婦吉子克家以剛居中童蒙所歸
包而不距則遠近咸至故包蒙吉也婦者配己而成德者也體陽而能包蒙以剛而能居中以此納配物莫不應故納婦吉也處于卦內以剛接柔
親而得中能幹其任施之於子克家之義○包如字鄭云包當作彪彪文也象曰子克家剛柔接也六
三勿用取女見金夫不有躬无攸利童蒙之時陰求於陽晦求於明各求發其昧者也六
三在下卦之上上九在上卦之上男女之義也上不求三而三求上女先求男者也女之為體正行以待命者也見剛夫而求之故曰不有躬也施
之於女行在不順故勿用取女而无攸利○取七住反本又作娶下及注同象曰勿用取女行不順
也六四困蒙吝獨遠於陽處兩陰之中闇莫之發故曰困蒙也困於蒙昧不能比賢以發其志亦以鄙矣故曰吝也○遠
于萬反下文同比毗志反象曰困蒙之吝獨遠實也陽稱實也六五童蒙吉

以夫陰質居於尊位不自任察而委於二付物以能不勞聰明功斯克矣故曰童蒙吉 象曰童蒙之吉順以巽也委物以能不先不為順以巽也○巽音遜鄭云當作遜 上九擊蒙不利為寇利禦寇處蒙之終以剛居上能擊去童蒙以發其昧者也故曰擊蒙也童蒙願發而已能擊去之合上下之願故莫不順也為之扞禦則物咸附之若欲取之則物咸叛矣故不利為寇利禦寇也○擊經歷反下同去起呂反為于僞反又如字扞胡旦反禦魚呂反本又作衛 象曰利用禦寇上下順也

䷄乾下坎上 需有孚光亨貞吉利涉大川彖曰需須也險在前也剛健而不陷其義不困窮矣需有孚光亨貞吉位乎天位以正中也謂五也位乎天位用其中正以此待物需道畢矣故光亨貞吉○需音須字從兩重而者非飲食之道也訓養鄭讀為秀解云陽氣秀而不直前者畏上坎也坤宮游魂卦孚徐音敷信也又音専先師讀絕句亨貞吉一句馬鄭揔為一句陷陷沒之陷位如字鄭音涖 利涉大川往有功也乾德獲進往輒亨也 象曰雲上於天需君子以飲食宴樂童蒙已發盛德光亨飲食宴樂其在茲乎○上時掌反干寶云升也雲上於天王肅本作雲在天上宴烏練反徐烏殄反安也干同鄭云享宴也李軌烏衍反樂音洛注同 初九需于郊利用恒无咎居需之時最遠於難能抑

其進以遠險待時雖不應幾可以保常也○遠袁万反下同象曰需于郊不犯難行也利用恒无咎未失常也九二需于沙小有言終吉轉近於難故曰需于沙也不至致寇故曰小有言也近不逼難遠不後時履健居中以待其會雖小有言以吉終也○沙如字鄭作沚近附近之近後胡豆反象曰需于沙衍在中也雖小有言以吉終也九三需于泥致寇至以剛逼難欲進其道所以招寇而致敵也猶有須焉不陷其剛寇之來也自我所招敬慎防備可以不敗○衍以善反徐怡戰反寇如字鄭王肅本作戎象曰需于泥災在外也自我致寇敬慎不敗也六四需于血出自穴凡稱血者陰陽相傷者也陰陽相近而不相得陽欲進而陰塞之則相害也穴者陰之路也處坎之始居穴者也九三剛進四不能距見侵則辟順以聽命者也故曰需于血出自穴也○辟音避下同象曰需于血順以聽也九五需于酒食貞吉需之所須以待達也己得天位暢其中正无所復須故酒食而已獲貞吉也○己得音紀又音已復扶又反象曰酒食貞吉以中正也上六入于穴有不速之客三人來敬之終吉六四所以出自穴者以不與三相得而塞其路不辟則害故不得不出自穴而辟之也至於上六處卦之終非塞路者也與三爲應三來之己乃爲己援故无畏害之辟而乃有入穴之

固也三陽所以不敢進者須難之終也難終則至不待召也已居難終故自來也處无位之地以一陰而爲三陽之主故必敬之而後終吉○速如字召也

象曰不速之客來敬之終吉雖不當位未大失也處无位之地不當位者也敬之則得終吉故雖不當位未大失也

䷅坎下乾上 訟有孚窒惕中吉窒謂窒塞也皆惕然後可以獲中吉○訟才用反爭也言之於公也鄭云辯財曰訟離宮遊䰟卦窒張栗反徐得悉反又得失反馬作咥云讀爲躓猶止也鄭云咥覺悔皃惕湯歷反王注或在惕字上或在下皆通在中吉下者非中如字馬丁仲反吉有孚窒一句惕中吉一句 終凶利見大人不利涉大川彖曰訟上剛下險險而健訟訟有孚窒惕中吉剛來而得中也終凶訟不可成也利見大人尚中正也不利涉大川入于淵也凡不和而訟无施而可涉難特甚焉唯有信而見塞懼者乃可以得吉也猶復不可終中乃吉也不閉其源使訟不至雖每不枉而訟至終竟此亦凶矣故雖復有信而見塞懼猶不可以爲終也故曰訟有孚窒惕中吉終凶也无善聽者雖有其實何由得明而令有信塞懼者得其中吉必有善聽之主焉其在二乎以剛而來正夫羣小斷不失中應斯任也○難乃旦反復扶又反下同枉紆往反令力呈反夫音符下注同斷丁亂反下注並同

象曰天與水違行訟君子以作事謀

始聽訟吾猶人也必也使无訟乎无訟在於謀始謀始在於作制契之不明訟之所以生也物有其分職不相濫爭何由興訟之所以起契之過
也故有德司契而不責於人○契苦計反下同分符問反濫力暫反爭爭鬬之爭初六不永所事小有言
終吉處訟之始訟不可終故不永所事然後乃吉凡陽唱而陰和陰非先唱者也四召而應見犯乃訟處訟之始不爲訟先雖不能不訟而了
訟必辯明也○和胡卧反象曰不永所事訟不可長也雖小有言其辯
明也九二不克訟歸而逋其邑人三百户无眚以剛處訟不能下物
自下訟上宜其不克若能以懼歸竄其邑乃可以免災邑過三百非爲竄也竄而據強災未免也○逋補吴反徐方吴反眚生領反子夏傳云妖祥曰眚
馬云災也鄭云過也下遐嫁反竄七亂反徐又七外反逃也象曰不克訟歸逋竄也自下訟
上患至掇也六三食舊德貞厲終吉或從王事无成體夫
柔弱以順於上不爲九二自下訟上不見侵奪保全其有故得食其舊德而不失也居爭訟之時處兩剛之間而皆近不相得故曰貞厲柔體不爭
繫應在上衆莫能傾故曰終吉上壯爭勝難可忤也故或從王事不敢成也○掇都活反說文云拾取也本作惙陟劣反憂也忤五故反象
曰食舊德從上吉也九四不克訟初辯明也復即命渝安貞
吉處上訟下可以改變者也故其咎不大若能反從本理變前之命安貞不犯不失其道爲二由之故吉從之○復音服後同者更不音渝以朱

反變也馬同鄭云然也象曰復即命渝安貞不失也九五訟元吉處得尊位爲訟之主用其中正以斷枉直中則不過正則不邪剛无所溺公无所偏故訟元吉○邪似嗟反象曰訟元吉以中正也上九或錫之鞶帶終朝三褫之處訟之極以剛居上訟而得勝者也以訟受錫榮何可保故終朝之間褫帶者三也○錫星歷反又星自反賜也鞶步干反馬云大也徐云王肅作槃帶亦作帶音帶終朝馬云旦至食時爲終朝三息暫反注同或如字褫徐勑紙反又直是反本又作褫音同王肅云解也鄭本作拕徒可反象曰以訟受服亦不足敬也

䷆坎下坤上師貞丈人吉无咎丈人莊嚴之稱也爲師之正丈人乃吉也興役動衆无功罪也故吉乃无咎也○師彖云衆也馬云二千五百人爲師坎宮歸魂卦貞丈人絶句丈人鄭云能以法度長於人稱尺證反彖曰師衆也貞正也能以衆正可以王矣剛中而應行險而順以此毒天下而民從之吉又何咎矣毒猶役也○王如字物歸往也徐又往況反毒徒篤反馬云治也象曰地中有水師君子以容民畜衆初六師出以律否臧凶爲師之始齊師者也齊衆以律失律則散故師出以律律不可失失律而臧何異於否失令有功法所不赦故師出不以律否臧皆

凶○畜勑六反聚也王肅許六反養也否音鄙惡也注同焉鄭王肅方有反臧作郎反善也象曰師出以律失
律凶也九二在師中吉无咎王三錫命以剛居中而應於上在師而得其中者也
承上之寵爲師之主任大役重无功則凶故吉乃无咎也行師得吉莫善懷邦邦懷衆服錫莫重焉故乃得成命○錫星歷反徐音賜鄭本作賜
象曰在師中吉承天寵也王三錫命懷萬邦也六三師
或輿尸凶以陰處陽以柔乘剛進則无應退无所守以此用師宜獲輿尸之凶○寵如字鄭云光耀也王肅作龍云寵也象
曰師或輿尸大无功也六四師左次无咎得位而无應无應不可以行得位則可以處故
左次之而无咎也行師之法欲右背高故左次之○背音佩象曰左次无咎未失常也雖不能有獲足
以不失其常也六五田有禽利執言无咎長子帥師弟子輿尸貞
凶處師之時柔得尊位陰不先唱柔不犯物犯而後應往必得直故田有禽也物先犯己故可以執言而无咎也柔非軍帥陰非剛武故不躬行
必以授也授不得主則衆不從故長子帥師可也弟子之凶固其宜也○長丁丈反下同禽本作擒帥色類反象曰長子帥
師以中行也弟子輿尸使不當也上六大君有命開國
承家小人勿用處師之極師之終也大君之命不失功也開國承家以寧邦也小人勿用非其道也象曰大

君有命以正功也小人勿用必亂邦也

䷇坤下坎上 比吉原筮元永貞无咎不寧方來後夫凶彖曰比吉也比輔也下順從也原筮元永貞无咎以剛中也處比之時將原筮以求无咎其唯元永貞乎夫羣黨相比而不以元永貞則凶邪之道也君不遇其主則雖永貞而猶未足免於咎也使永貞而无咎者其唯九五乎○比毗志反卦內並同彖云輔也序卦云比比也子夏傳云地得水而柔水得地而流故曰比徐又甫履反坤宮歸䰟卦邪似嗟反不寧方來上下應也上下无陽以分其民五獨處尊莫不歸之上下應之旣親且安安則不安者託焉故不寧方所以來上下應故也夫无者求有有者不求所與危者求安安者不求所保火有其炎寒者附之故已苟安焉則不寧方來矣○求有本亦作求得炎于廉反後夫凶其道窮也將合和親而獨在後親成則誅是以凶也象曰地上有水比先王以建萬國親諸侯萬國以比建諸侯以比親初六有孚比之无咎有孚盈缶終來有它吉處比之始爲比之首者也夫以不信爲比之首則禍莫大焉故必有孚盈缶然後乃得免比之咎故曰有孚比之无咎也處比之首應不在一心无私吝則莫不比之著信立誠盈溢乎質素之器則物終來无衰竭也親乎天下著信盈缶應者豈一道而來故必有它吉也○缶方有反瓦器也鄭云汲器也爾雅云盎謂之缶它敕多反本亦作他象曰

比之初六有它吉也六二比之自内貞吉處比之時居中得位而繫應在五不能來它故得其自內貞吉而已象曰比之自内不自失也六三比之匪人四自外比二爲五貞近不相得遠則无應所與比者皆非己親故曰比之匪人象曰比之匪人不亦傷乎六四外比之貞吉外比於五復得其位比不失賢處不失位故貞吉也○匪人非鬼反馬云匪非也王肅本作匪人凶象曰外比於賢以從上也九五顯比王用三驅失前禽邑人不誡吉爲比之主而有應在二顯比者也比而顯之則所親者狹矣夫无私於物唯賢是與則去之與來皆无失也夫三驅之禮禽逆來趣己則舍之背己而走則射之愛於來而惡於去也故其所施常失前禽也以顯比而居王位用三驅之道也故曰王用三驅失前禽也用其中正征討有常伐不加邑動必討叛邑人无虞故不誡也雖不得乎大人之吉是顯比之吉也此可以爲上之使非爲上之道○驅匡愚反徐云鄭作敺馬云三驅者一曰乾豆二曰賓客三曰君庖狹戶夾反舍音赦又音捨背音佩射食亦反惡烏路反象曰顯比之吉位正中也舍逆取順失前禽也邑人不誡上使中也上六比之无首凶无首後也處卦之終是後夫也親道已成无所與終爲時所棄宜其凶者也○舍音捨象曰比之无首无所終也

䷈乾下巽上 小畜亨（不能畜大止健剛志故行是以亨○畜本又作蓄同敕六反積也聚也卦內皆同鄭許六反養也巽宮一世卦）密雲不雨自我西郊彖曰小畜柔得位而上下應之曰小畜（謂六四也成卦之義在此爻也體无二陰以分其應故上下應之也既得其位而上下應之三不能陵小畜之義）健而巽剛中而志行乃亨密雲不雨尚往也自我西郊施未行也（小畜之勢足作密雲乃自我西郊未足以為雨也何由知未能為雨夫能為雨者陽上薄陰陰能固之然後烝而為雨今不能制初九之復自道固九二之牽復九三更以不能復為劣也下方尚往施豈得行故密雲而不能為雨尚往故也何以明之夫陰能固之然後乃雨乎上九獨能固九三之路故九三不可以進而輿說輻也能固其路而安於上故得既雨既處若四五皆能若上九之善畜則能雨明矣故舉一卦而論之能為小畜密雲而已陰苟不足以固陽則雖復至盛密雲自我西郊故不能雨也雨之未下即施之未行也彖全論一卦之體故曰密雲不雨象各言一爻之德故曰既雨既處也○施始豉反注皆同上時掌反烝職膺反說吐活反下文并注並同說云解也輻音福復扶又反上九注同）

象曰風行天上小畜君子以懿文德（未能行其施者故可以懿文德而已）

初九復自道何其咎吉（處乾之始以升巽初四為己應不距己者也以陽升陰復自其道順而无違何所犯咎得義之吉）

象曰復自道其義吉也

九二牽復吉（處乾之中以升巽五五非畜極非固己者）

也雖不能若陰之不違可牽以獲復是以吉也象曰牽復在中亦不自失也九三輿說輻夫妻反目上爲畜盛不可以牽征以斯而進故必說輻也已爲陽極上爲陰長畜於陰長不能自復方之夫妻反目之義也○輿音餘輻音福本亦作輹音服馬云車下縛也鄭云伏菟長丁丈反下同象曰夫妻反目不能正室也六四有孚血去惕出无咎夫言血者陽犯陰也四乘於三近不相得三務於進而已隔之將懼侵克者也上亦惡三而能制焉志與上合共同斯誠三雖逼已而不能犯故得血去懼除保无咎也○血如字馬云當作恤憂也去起呂反注同惡烏路反褒卦同象曰有孚惕出上合志也九五有孚攣如富以其鄰處得尊位不疑於二來而不距二牽已攣不爲專固有孚攣如之謂也以陽居陽處實者也居盛處實而不專固富以其鄰者也○攣力專反馬云連也徐又力轉反子夏傳作戀云思也象曰有孚攣如不獨富也上九既雨既處尚德載婦貞厲月幾望君子征凶處小畜之極能畜者也陽不獲亨故既雨也剛不能侵故既處也體巽處上剛不敢犯尚德者也爲陰之長能畜剛健德積載者也婦制其夫臣制其君雖貞近危故曰婦貞厲也陰之盈盛莫盛於此故曰月幾望也滿而又進必失其道陰疑於陽必見戰伐雖復君子以征必凶故曰君子征凶○幾徐音祈又音機注同子夏傳作近象曰既雨既處德積載也君子征凶有所

疑也夫處下可以征而无咎者唯泰也則然坤本體下又順而弱不能敵剛故可以全其類征而吉也自此以往則其進各有難矣夫巽雖不能若艮之善畜猶不肯爲坤之順從也故可得少進不可盡陵也是以初九九二其復則可至於九三則輿說輻也夫大畜者畜之極也畜之不已畜極則通是以其畜之盛在於四五至于上九道乃大行小畜積極而後乃能畜是以四五可以進而上九說征之輻○唯泰也則然一本作然則讀即以也字絕句難乃旦反盡津忍反

䷉兌下乾上履虎尾不咥人亨彖曰履柔履剛也說而應乎乾是以履虎尾不咥人亨凡彖者言乎一卦之所以爲主也成卦之體在六三也履虎尾者言其危也三爲履主以柔履剛履危者也履虎尾而不見咥者以其說而應乎乾也乾剛正之德者也不以說行夫佞邪而以說應乎乾宜其履虎尾不見咥而亨○履利恥反禮也艮宮五世卦咥直結反齧也馬云齕說音悅注及後同夫音符下同邪似嗟反剛中正履帝位而不疚光明也言五之德○疚久又反馬云病也陸本作疢

象曰上天下澤履君子以辯上下定民志

初九素履往无咎處履之初爲履之始履道惡華故素乃无咎處履以素何往不從必獨行其願物无犯也象曰素履之往獨行願也

九二履道坦坦幽人貞吉履道尚謙不喜處盈務在致誠惡夫外飾者也而二以陽處陰履於謙也居內履中隱顯同也履道之美

於斯爲盛故履道坦坦无險厄也在幽而貞宜其吉也○坦吐但反說文云安也廣雅云平也明也蒼頡篇云著也憙虛備反又音喜厄於革反又作戹

象曰幽人貞吉中不自亂也六三眇能視跛能履履虎尾咥人凶武人爲于大君居履之時以陽處陽猶曰不謙而況以陰居陽以柔乘剛者乎故以此爲明眇目者也以此爲行跛足者也以此履危見咥者也志在剛健不脩所履欲以陵武於人爲于大君行未能免於凶而志存於五頑之甚也○眇妙小反字書云盲也說文云小目跛波我反足跛也依字作破脩本又作循行下孟反

象曰眇能視不足以有明也跛能履不足以與行也咥人之凶位不當也武人爲于大君志剛也九四履虎尾愬愬終吉逼近至尊以陽承陽處多懼之地故曰履虎尾愬愬也然以陽居陰以謙爲本雖處危懼終獲其志故終吉也○愬愬山革反子夏傳云恐懼皃何休注公羊傳云驚愕也馬本作虩虩許逆反云恐懼也說文同廣雅云懼也近附近之近

象曰愬愬終吉志行也九五夬履貞厲得位處尊以剛決正故曰夬履貞厲也履道惡盈而五處尊是以危○夬古快反

象曰夬履貞厲位正當也上九視履考祥其旋元吉禍福之祥生乎所履處履之極履道成矣故可視履而考祥也居極應說高而不危是其旋也履道大成故元吉也○祥本亦作詳

象曰元吉在上

大有慶也

周易卷第一

周易上經泰傳第二　王弼注

䷊乾下坤上泰小往大來吉亨彖曰泰小往大來吉亨則是天地交而萬物通也上下交而其志同也內陽而外陰內健而外順內君子而外小人君子道長小人道消也象曰天地交泰后以財成天地之道輔相天地之宜以左右民泰者物大通之時也上下大通則物失其節故財成而輔相以左右民也○泰如字馬云大也坤宮三世卦長丁丈反財音才徐才載反荀作裁相息亮反注同左音佐注同右音佑注同左右助也

初九拔茅茹以其彙征吉茅之爲物拔其根而相牽引者也茹相牽引之貌也三陽同志俱志在外初爲類首已舉則從若茅茹也上順而應不爲違距進皆得志故以其類征吉○拔蒲八反茅卯交反鄭音苗茹汝據反鄒湛同王肅音如彙音謂類也李于鬼反傅氏注云彙古偉字美也古文作曹董作夤出也鄭云勤也

象曰拔茅征吉志在外也

九二包荒用馮河不遐遺朋亡得尚于中行體健居中而用乎泰能包含荒穢受納馮河者也用心弘大无所遐棄故曰不遐遺也无私无偏存乎光大故曰朋亡也如此乃可以得尚于中行尚猶配也中行謂五○苞本亦作包必交反下卦同溥交反荒本亦作巟音同

鄭注禮云穢也說文水廣也又大也鄭讀爲康云虛也馮音憑注同穢於廢反象曰包荒得尚于中行以光大也九三无平不陂无往不復艱貞无咎勿恤其孚于食有福乾本上也坤本下也而得泰者降與升也而三處天地之際將復其所處復其所處則上守其尊下守其卑是故无往而不復也无平而不陂也處天地之將閉平路之將陂時將大變世將大革而居不失其正動不失其應艱而能貞不失其義故无咎也信義誠著故不恤其孚而自明也故曰勿恤其孚于食有福也○陂彼僞反徐甫寄反傾也注同又破河反偏也象曰无平不陂一本作无往不復象曰无往不復天地際也天地將各分復之際六四翩翩不富以其鄰不戒以孚乾樂上復坤樂下復四處坤首不固所居見命則退故曰翩翩也坤爻皆樂下已退則從故不待富而用其鄰也莫不與已同其志願故不待戒而自孚也○篇篇如字子夏傳作翩翩向本同云輕舉貌古文作偏偏象曰翩翩不富皆失實也不戒以孚中心願也六五帝乙歸妹以祉元吉婦人謂嫁曰歸泰者陰陽交通之時也女處尊位履中居順降身應二感以相與用中行願不失其禮帝乙歸妹誠合斯義履順居中行願以祉盡夫陰陽交配之宜故元吉也○祉音恥一音勑子反又音止女處本亦作爻處夫音符後皆放此以意求之象曰以祉元吉中以行願也上六城復于隍勿用師自邑告命貞吝居泰上極各反所應泰道

將滅上下不交卑不上承尊不下施是故城復于隍卑道崩也勿用師不煩攻也自邑告命貞吝否道已成命不行也○隍音皇城塹也子夏作堭姚作湟應如字舊音應對之應上時掌反施始豉反否備鄙反 象曰城復于隍其命亂也

䷋ 坤下乾上 否之匪人不利君子貞大往小來彖曰否之匪人不利君子貞大往小來則是天地不交而萬物不通也上下不交而天下无邦也內陰而外陽內柔而外剛內小人而外君子小人道長君子道消也象曰天地不交否君子以儉德辟難不可榮以祿初六拔茅茹以其彙貞吉亨 居否之初處順之始為類之首者也順非健也何可以征居否之時動則入邪三陰同道皆不可進故拔茅以類貞而不諂則吉亨○否備鄙反卦內同閉也塞也乾宮三世卦長丁丈反辟音避難乃旦反邪似嗟反諂勑檢反 象曰拔茅貞吉志在君也 志在於君故不苟進 六二包承小人吉大人否亨 居否之世而得其位用其至順包承於上小人路通內柔外剛大人否之其道乃亨○亨許庚反 象曰大人否亨不亂羣也六三包羞 俱用小道以承其上而位不當所以包羞也 象曰包羞位不當也九四有命

无咎疇離祉夫處否而不可以有命者以所應者小人也有命於小人則消君子之道者也今初志在君處乎窮下故可以有命无咎而疇麗福也疇謂初也○疇直留反鄭作古㽬字象曰有命无咎志行也九五休否大人吉其亡其亡繫于苞桑居尊當位能休否道者也施否於小人否之休也唯大人而後能然故曰大人吉也處君子道消之時已居尊位何可以安故心存將危乃得固也○休虛虬反美也又許求反息也苞同象曰大人之吉位正當也上九傾否先否後喜先傾後通故後喜也始以傾爲否後得通乃喜象曰否終則傾何可長也

☲☰離下乾上同人于野亨利涉大川利君子貞彖曰同人柔得位得中而應乎乾曰同人二爲同人之主○同人和同也離宫歸魂卦同人曰同人于野亨利涉大川乾行也所以乃能同人于野亨利涉大川非二之所能也是乾之所行故特曰同人曰也文明以健中正而應君子正也行健不以武而以文明用之相應不以邪而以中正應之君子正也故曰利君子貞○邪似嗟反唯君子爲能通天下之志君子以文明爲德象曰天與火同人天體於上而火炎上同人之義也○上時掌反君子以類族辨物君子小人各得所同

○辨如字王肅卜免反 初九同人于門无咎 居同人之始爲同人之首者也无應於上心无係吝通夫大同出門皆同故曰同人于門也出門同人誰與爲咎○繫或作係本作黨係 象曰出門同人又誰咎也六二同人于宗吝 應在乎五唯同於主過主則否用心褊狹鄙吝之道○否方有反又備鄙反褊必淺反狹户夾反 象曰同人于宗吝道也九三伏戎于莽升其高陵三歲不興 居同人之際履下卦之極不能包弘上下通夫大同物黨相分欲乖其道貪於所比據上之應其敵剛健非力所當故伏戎于莽不敢顯亢也升其高陵望不敢進量斯勢也三歲不能興者也三歲不能興則五道亦以成矣安所行焉○莽莫蕩反王肅冥黨反鄭云叢木也物或作朋比毗志反所當如字量音良又音亮 象曰伏戎于莽敵剛也三歲不興安行也 安辭也 九四乘其墉弗克攻吉 處上攻下力能乘墉者也履非其位以與人爭二自五應三非犯已攻三求二尤而效之違義傷理衆所不與故雖乘墉而不克也不克則反反則得吉也不克乃反其所以得吉困而反則者也○墉徐音容鄭作庸效下孝反反則得則得則則吉也一本作反則得得則吉也 象曰乘其墉義弗克也其吉則困而反則也九五同人先號咷而後笑大師克相遇 彖曰柔得位得中而應乎乾曰同人然則體柔居中衆之所與執剛用直衆所未從故近隔乎二剛未獲厥志是以先號咷也居中處尊戰必克勝故後笑也不能使物

自歸而用其強直故必須大師克之然後相遇也○號戶羔反咷道刀反號咷啼呼也象曰同人之先以中直
也大師相遇言相克也上九同人于郊无悔郊者外之極也處同人之時最
在於外不獲同志而遠於內爭故雖无悔吝亦未得其志○遠袁万反爭爭鬭之爭象曰同人于郊志未得
也凡處同人而不泰焉則必用師矣不能大通則各私其黨而求利焉楚人亡弓不能亡楚愛國愈甚益爲它災是以同人不弘剛健之爻
皆至用師也○異災一本作它災

䷍乾下離上大有元亨不大通何由得大有乎大有則必元亨矣○大有包容豐富之象乾宮歸魂卦彖曰大
有柔得尊位大中而上下應之曰大有處尊以柔居中以大體无二陰以分
其應上下應之靡所不納大有之義也其德剛健而文明應乎天而時行是
以元亨德應於天則行不失時矣剛健不滯文明不犯應天則大時行无違是以元亨象曰火在天上大
有君子以遏惡揚善順天休命大有包容之象也故遏惡揚善成物之美順夫天德休物
之命○遏於葛反止也徐又音謁休虛虯反美也徐又許求反初九无交害匪咎艱則无咎以夫剛健
爲大有之始不能履中滿而不溢術斯以往後害必至其欲匪咎艱則无咎也象曰大有初九无交害也

九二大車以載任重而不危有攸往无咎健不違中爲五所任任重不危致遠不泥故可以往而无咎也○泥乃計反象曰大車以載積中不敗也九三公用亨于天子小人弗克處大有之時居下體之極乘剛健之上而履得其位與五同功威權之盛莫此過焉公用斯位乃得通乎天子之道也小人不克害可待也○車王肅剛除反蜀才作輿亨許庚反通也下同衆家並香兩反京云獻也干云享宴也姚云享祀也象曰公用亨于天子小人害也九四匪其彭无咎既失其位而上近至尊之威下比分權之臣其爲懼也可謂危矣唯夫有聖知者乃能免斯咎也三雖至盛五不可舍能辯斯數專心承五常匪其旁則无咎矣旁謂三也○彭步郎反子夏作旁干云彭亨驕滿貌王肅云壯也虞作尫姚云彭旁徐音同近如字亦附近之近比毗志反知音智舍音捨數色助反象曰匪其彭无咎明辯晳也明猶才也○晳章舌反王廙作晰同徐李之世反又作哲字鄭本作遰云讀如明星晳晳陸本作逝虞作折六五厥孚交如威如吉居尊以柔處大以中无私於物上下應之信以發志故其孚交如也夫不私於物物亦公焉不疑於物物亦誠焉既公且信何難何備不言而教行何爲而不威如爲大有之主而不以此道吉可得乎○難依象宜如字一音乃旦反象曰厥孚交如信以發志也威如之吉易而无備也上九自天祐之吉无不利大有豐富之世也處大有之上而不累於位志尚乎賢者也餘爻皆乘剛而已

獨乘柔順也五爲信德而已履焉履信之謂也雖不能體柔而以剛乘柔思順之義也居豐有之世而不以物累其心高尚其志尚賢者也爻有三德盡夫助道故繫辭具焉○易以豉反祐音又累劣偽反下同盡津忍反繫音係象曰大有上吉自天祐也

䷎艮下坤上謙亨君子有終彖曰謙亨天道下濟而光明地道卑而上行天道虧盈而益謙地道變盈而流謙鬼神害盈而福謙人道惡盈而好謙謙尊而光卑而不可踰君子之終也象曰地中有山謙君子以裒多益寡稱物平施多者用謙以爲裒少者用謙以爲益隨物而與施不失平也○謙卑退爲義屈己下物也兌宮五世卦子夏作嗛云嗛謙也濟節細反上時掌反下注上承上行同虧盈馬本作毀盈福京本作富惡烏路反卦末注同好呼報反裒蒲侯反鄭荀董蜀才作捊云取也字書作掊廣雅云掊減稱尺證反施始豉反注同初六謙謙君子用涉大川吉處謙之下謙之謙者也能體謙謙其唯君子用涉大難物无害也○難乃旦反象曰謙謙君子卑以自牧也牧養也○牧徐音目一音茂六二鳴謙貞吉鳴者聲名聞之謂也得位居中謙而正焉○名者聲名聞之謂也一讀名者聲絕句聞音問象曰鳴謙貞吉中心得也九三勞謙君子有終吉處下體之極履得其

位上下无陽以分其民衆陰所宗尊莫先焉居謙之世何可安尊上承下綏勞謙匪解是以吉也○解佳賣反象曰勞謙君子萬民服也六四无不利撝謙處三之上而用謙焉則是自上下下之義也乗五而用謙順則是上行之道也盡乎奉上下下之道故无不利指撝皆謙不違則也○撝毀皮反義與麾同書云右秉白旄以麾是也馬云撝猶離也鄭讀爲宣下下上遐嫁反下如字下句同象曰无不利撝謙不違則也六五不富以其鄰利用侵伐无不利居於尊位用謙與順故能不富而用其鄰也以謙順而侵伐所伐皆驕逆也○侵王廙作寑象曰利用侵伐征不服也上六鳴謙利用行師征邑國最處於外不與內政故有名而已志功未得也處外而履謙順可以征邑國而已○征國本或作征邑國者非與音預象曰鳴謙志未得也可用行師征邑國也夫吉凶悔吝生乎動者也動之所起興於利者也故飲食必有訟訟必有衆起未有居衆人之所惡而爲動者所害處不競之地而爲爭者所奪是以六爻雖有失位无應乗剛而皆无凶咎悔吝者以謙爲主也謙尊而光卑而不可踰信矣哉○爭爭鬭之爭

䷏坤下震上豫利建侯行師彖曰豫剛應而志行順以動豫順以動故天地如之而況建侯行師乎天地以順動故

日月不過而四時不忒聖人以順動則刑罰清而民服
豫之時義大矣哉象曰雷出地奮豫先王以作樂崇德
殷薦之上帝以配祖考初六鳴豫凶處豫之初而特得志於上樂過則淫志窮則凶豫何
可鳴○豫餘慮反悅豫也備豫也馬云豫樂震宮一世卦忒他得反鄭云差也京作貸奮方問反殷於勤反馬云盛也說文云作樂之盛稱殷京作
隱薦將電反本又作荐同本或作廌獸名耳非象曰初六鳴豫志窮凶也六二介于
石不終日貞吉處豫之時得位履中安夫貞正不求苟豫者也順不苟從豫不違中是以上交不諂下交不瀆明禍福之
所生故不苟說辨必然之理故不改其操介如石焉不終日明矣○介音界纖介古文作砎鄭古八反云謂磨砎也馬作扴云觸小石聲說音悅象
曰不終日貞吉以中正也六三盱豫悔遲有悔居下躰之極處兩卦之際
履非其位承動豫之主若其睢盱之豫悔亦生焉遲而不從豫之所疾位非所處而以從豫進退離悔宜其然矣○盱香于反睢盱小
人喜悅之貌王肅云盱大也鄭云誇也說文云張目也字林火孤反又火于反子夏作紆京作汙姚作盱云日始出引詩盱日始旦睢香維反說文
云仰目也字林火佳反象曰盱豫有悔位不當也九四由豫大有得
勿疑朋盍簪處豫之時居動之始獨體陽爻衆陰所從莫不由之以得其豫故曰由豫大有得也夫不信於物物亦疑

焉故勿疑則朋盍疾也盍合也簪疾也○由由從也鄭云用也馬作猶云猶豫疑也盍胡臘反合也簪徐音側林反鄭云速也埤蒼同王肅又祖感反古文作貸京作撍馬作臧荀作宗虞作戠叢合也蜀才本依京京義從鄭

象曰由豫大有得志大行也

六五貞疾恒不死四以剛動爲豫之主專權執制非已所乘故不敢與四爭權而又居中處尊未可得亡是以必常至于貞疾恒不死而已

象曰六五貞疾乘剛也恒不死中未亡也

上六冥豫成有渝无咎處動豫之極極豫盡樂故至于冥豫成也過豫不已何可長乎故必渝變然後无咎○冥覓經反王云冥昧耽於樂也王廙云深也又亡定反鄭讀爲鳴渝羊朱反盡津忍反樂音洛

象曰冥豫在上何可長也

䷐震下兌上隨元亨利貞无咎

彖曰隨剛來而下柔動而說隨大亨貞无咎而天下隨時隨時之義大矣哉震剛而兌柔也以剛下柔動而之說乃得隨也爲隨而不大通逆於時也相隨而不爲利正災之道也故大通利貞乃得无咎也爲隨而令大通利貞得於時也得時則天下隨之矣隨之所施唯在於時也時異而不隨否之道也故隨時之義大矣哉○隨從也震宮歸魂卦下遐嫁反注下柔同說音悅注下皆同大亨貞本又作大亨利貞而天下隨時王肅本作隨之時之義王肅本作隨之時義令力呈反否音備鄙反

象曰澤中有雷隨君子以嚮晦入宴息澤中有雷動說之象也物皆說隨可以无爲不勞明鑒故君子嚮晦入宴息也

○鄉尚本又作向許亮反王肅本作鄉音同宴徐烏練反王肅烏顯反初九官有渝貞吉出門交有功居隨之始上无其應无所偏係動能隨時意无所主者也隨不以欲以欲隨宜者也故官有渝變隨不失正也出門无違何所失哉○官有蜀才作館有象曰官有渝從正吉也出門交有功不失也六二係小子失丈夫陰之爲物以處隨世不能獨立必有係也居隨之時體於柔弱而以乘夫剛動豈能秉志違於所近隨此失彼弗能兼與五處己上初處己下故曰係小子失丈夫也象曰係小子弗兼與也六三係丈夫失小子隨有求得利居貞陰之爲物以處隨世不能獨立必有係也雖躰下卦二已據初將何所附故舍初係四志在丈夫四俱无應亦欲於己隨之則得其所求矣故曰隨有求得也應非其正以係於人何可以妄故利居貞也初處己下四處己上故曰係丈夫失小子也○舍音捨下文同象曰係丈夫志舍下也下謂初也九四隨有獲貞凶有孚在道以明何咎處說之初下據二陰三求係己不距則獲故曰隨有獲也居於臣地履非其位以擅其民失於臣道違正者也故曰貞凶躰剛居說而得民心能幹其事而成其功者也雖違常義志在濟物心存公誠著信在道以明其功何咎之有○擅市戰反象曰隨有獲其義凶也有孚在道明功也九五孚于嘉吉履正居中而處隨世盡隨時之宜得物之誠故嘉吉也○盡津忍反卷末同象曰孚于嘉吉位正中

也上六拘係之乃從維之王用亨于西山隨之爲體陰順陽者也最處上極不從者也隨道已成而特不從故拘係之乃從也率土之濱莫非王臣而爲不從王之所討也故維之王用亨于西山也兊爲西方山者塗之險隔也處西方而爲不從故王用通于西山○位正中也一本作中正拘句于反亨許庚反通也陸許兩反云祭也濱音賓象曰拘係之上窮也處于上極故窮也

☶☴巽下艮上蠱元亨利涉大川先甲三日後甲三日彖曰蠱剛上而柔下上剛可以斷制下柔可以施令○蠱音古事也惑也亂也左傳云於文皿蟲爲蠱又云女惑男風落山謂之蠱徐又𡟰祖反一音故巽宮歸魂卦先息薦反彖并注同後胡豆反彖并注同斷丁亂反令力政反下同巽而止蠱既巽又止不競爭也有事而无競爭之患故可以有爲也○爭爭鬬之爭蠱元亨而天下治也有爲而大亨非天下治而何也○治直吏反注同利涉大川往有事也先甲三日後甲三日終則有始天行也蠱者有事而待能之時也可以有爲其在此時矣物已說隨則待夫作制以定其事也進德修業往則亨矣故元亨利涉大川也甲者創制之令也創制不可責之以舊故先之三日後之三日使令治而後乃誅因事申令終則復始若天之行用四時也○說音悅創初亮反此俗字也依字作剏復扶又反象曰山下有風蠱君子以振民育

德蠱者有事而待能之時也故曰君子以濟民養德也○振之愼反師讀音眞振振仁厚也育王肅作毓古育字初六幹父
之蠱有子考无咎厲終吉處事之首始見任者也以柔巽之質幹父之事能承先軌堪其任者也故
曰有子也任爲事首能堪其事考乃无咎也故曰有子考无咎也當事之首是以危也能堪其事故終吉者也○有子考无咎絕句周依馬王肅以
考絕句當丁堂反象曰幹父之蠱意承考也幹事之首時有損益不可盡承故意承而已○蠱津
忍反下皆同九二幹母之蠱不可貞居於內中宜幹母事故曰幹母之蠱也婦人之性難可全正宜屈己剛旣
幹且順故曰不可貞也幹不失中得中道也象曰幹母之蠱得中道也九三幹父之
蠱小有悔无大咎以剛幹事而无其應故有悔也履得其位以正幹父雖小有悔終无大咎象曰幹
父之蠱終无咎也六四裕父之蠱往見吝體柔當位幹不以剛而以柔和能裕
先事者也然无其應往必不合故曰往見吝○裕羊樹反馬云寬也象曰裕父之蠱往未得也六
五幹父之蠱用譽以柔處尊用中而應承先以斯用譽之道也象曰幹父用譽
承以德也以柔處中不任威力也上九不事王侯高尚其事最處事上而不累於位不
事王侯高尚其事者也○累力僞反象曰不事王侯志可則也

䷒兌下坤上臨元亨利貞至于八月有凶彖曰臨剛浸而長說而順剛中而應大亨以正天之道也陽轉進長陰道日消君子日長小人日憂大亨以正之義也○臨如字序卦云大也坤宮二世卦浸子鴆反長丁丈反除六三注末及象咎不長皆同一音此治長反說音悅下同至于八月有凶消不久也八月陽衰而陰長小人道長君子道消也故曰有凶象曰澤上有地臨君子以教思无窮容保民无疆相臨之道莫若說順也不恃威制得物之誠故物无違也是以君子教思无窮容保民无疆也○思息吏反注同疆居良反注同初九咸臨貞吉咸感也感應也有應於四感以臨者也四履正位而已應焉志行正者也以剛感順志行其正以斯臨物正而獲吉也象曰咸臨貞吉志行正也九二咸臨吉无不利有應在五感以臨者也剛勝則柔危而五體柔非能同斯志者也若順於五則剛德不長何由得吉无不利乎全與相違則失於感應其得咸臨吉无不利必未順命也○剛勝王肅音升證反下注皆同象曰咸臨吉无不利未順命也六三甘臨无攸利既憂之无咎甘者佞邪說媚不正之名也履非其位居剛長之世而以邪說臨物宜其无攸利也若能盡憂其危改修其道剛不害正故咎不長○邪似嗟反下同媚密備反象曰甘臨位不當也既憂之咎不長也六四至臨无咎處順應陽不忌剛長

而乃應之履得其位盡其至者也剛勝則柔危柔不失正則得无咎也　象曰至臨无咎位當也六五知臨大君之宜吉處於尊位履得其中能納剛以礼用建其正不忌剛長而能任之委物以能而不犯焉則聰明者竭其視聽知力者盡其謀能不爲而成不行而至矣大君之宜如此而已故曰知臨大君之宜吉也○位當也本或作當位實非也知臨音智注同文如字

象曰大君之宜行中之謂也上六敦臨吉无咎處坤之極以敦而臨者也志在助賢以敦爲德雖在剛長剛不害厚故无咎也　象曰敦臨之吉志在内也

䷓坤下巽上觀盥而不薦有孚顒若王道之可觀者莫盛乎宗廟宗廟之可觀者莫盛於盥也至薦簡略不足復觀故觀盥而不觀薦也孔子曰禘自旣灌而往者吾不欲觀之矣盡夫觀盛則下觀而化矣故觀至盥則有孚顒若也○觀官喚反宗也乾宮四世卦盥音管而不薦本又作薦同牋練反王肅本作而觀薦顒魚恭反復扶又反灌官煥反　彖曰大觀在上下賤而上貴也順而巽中正以觀天下觀盥而不薦有孚顒若下觀而化也觀天之神道而四時不忒聖人以神道設教而天下服矣統說觀之爲道不以刑制使物而以觀感化物者也神則无形者也不見天之使四時而四時不忒不見聖人使百姓而百姓自服○忒吐得反神道設教一本作以神道設教　象曰風行地上觀先王以省方觀民

設教初六童觀小人无咎君子吝處於觀時而最遠朝美躰於陰柔不能自進无所鑒見故
曰童觀趣順而已无所能爲小人之道也故曰小人无咎君子處大觀之時而爲童觀不亦鄙乎○省息井反童觀馬云童猶獨也鄭云稚也遠袁
万反朝直遥反鑒古暫反下同趣促裕反象曰初六童觀小人道也六二闚觀利女
貞處在於内寡所鑒見躰於柔弱從順而已猶有應焉不爲全蒙所見者狹故曰闚觀居内得位柔順寡見故曰利女貞婦人之道也處大觀之
時居中得位不能大觀廣鑒闚觀而已誠可醜也○闚苦規反本亦作窺䂓狹下夾反象曰闚觀女貞亦可
醜也六三觀我生進退居下體之極處二卦之際近不比尊遠不童觀觀風者也居此時也可以觀我生進退者
也○象曰闚觀女貞一本有利字比毗志反象曰觀我生進退未失道也處進退之時以觀進退之
幾未失道也六四觀國之光利用賓于王居觀之時最近至尊觀國之光者也居近得位明習國儀
者也故曰利用賓于王○觀國如字或音官喚反最近附近之近居近如字象曰觀國之光尚賓也九
五觀我生君子无咎居於尊位爲觀之主宣弘大化光于四表觀之極者也上之化下猶風之靡草故觀民之俗以察己
道百姓有罪在予一人君子風著己乃无咎上爲化主將欲自觀乃觀民也象曰觀我生觀民也上九
觀其生君子无咎觀我生自觀其道者也觀其生爲民所觀者也不在於位最處上極高尚其志爲天下所觀者也處

天下所觀之地可不慎乎故君子德見乃得无咎生猶動出也○見賢遍反

象曰觀其生志未平也

特處異地爲衆所觀不爲平易和光流通志未平也○易以豉反盡夫觀盛故觀至大觀在上王肅音官以觀天下徐唯此一字作官音觀盥而不薦觀之爲道而以觀感風行地上觀處於觀時君子處大觀之時處大觀之時大觀廣鑒亦音官居觀之時爲觀之主觀之盛也盡從夫觀以下並官喚反餘不出者並音官

周易卷第二

周易上經噬嗑傳第三　王弼注

䷔震下離上　噬嗑亨利用獄　噬齧也嗑合也凡物之不親由有間也物之不齊由有過也有間與過齧而合之所以通也刑克以通獄之利也○噬市制反嗑胡獵反巽宮五世卦齧研節反間如字下同又間廁之間與過一本作有過

彖曰頤中有物曰噬嗑　頤中有物齧而合之噬嗑之義也○頤以之反　噬嗑而亨　有物有間不齧不合无由利也○不合本又作而合　剛柔分動而明雷電合而章　剛柔分動不溷乃明雷電並合不亂乃章皆利用獄之義○不溷胡困反濁也雜也亂也韋昭云汙辱也　柔得中而上行雖不當位利用獄也　謂五也能為齧合而通必有其主五則是也上行謂所之在進也凡言上行皆所之在貴也雖不當位不害用獄也○上時掌反注同

象曰雷電噬嗑先王以明罰勑法

初九屨校滅趾无咎　居无位之地以處刑初受刑而非治刑者也凡過之所始必始於微而後至於著罰之所始必始於薄而後至於誅過輕戮薄故屨校滅趾桎其行也足懲而已故不重也過而不改乃謂之過小懲大誡乃得其福故无咎也校者以木絞校者也即械也校者取其通名也○勑恥力反此俗字也字林作敕鄭云勑猶理也一云整也屨紀具反校爻教反注及下同馬音教趾足也或作止桎章實反懲直氷反絞交卯反械户戒反

象曰屨校滅趾不行也　過止於此○不行也本或作止不行

也六二噬膚滅鼻无咎噬齧也齧者刑克之謂也處中得位所刑者當故曰噬膚也乘剛而刑未盡順
道噬過其分故滅鼻也刑得所疾故雖滅鼻而无咎也膚者柔脆之物也○膚方于反馬云柔脆肥美曰膚盡津忍反分符問反脆七歲反象
曰噬膚滅鼻乘剛也六三噬腊肉遇毒小吝无咎處下體之極而
履非其位以斯食物其物必堅豈唯堅乎將遇其毒噬以喻刑人腊以喻不服毒以喻怨生然承於四而不乘剛雖失其正刑不侵順故雖遇毒小
吝无咎○腊音昔馬云晞於陽而煬於日曰腊肉鄭注周礼小物全乾曰腊象曰遇毒位不當也九四
噬乾胏得金矢利艱貞吉雖體陽爻為陰之主履不獲中而居非其位以斯噬物物亦不服故曰噬
乾胏也金剛也矢直也噬乾胏而得剛直可以利於艱貞之吉未足以盡通理之道也○乾音干胏緇美反馬云有骨謂之胏鄭云簀也字林云含
食所遺也一曰脯也子夏作脯徐音甫荀董同象曰利艱貞吉未光也六五噬乾肉
得黄金貞厲无咎乾肉堅也黄中也金剛也以陰處陽以柔乘剛以噬於物物亦不服故曰噬乾肉也然處得尊
位以柔乘剛而居於中能行其戮者也履不正而能行其戮剛勝者也噬雖不服得中而勝故曰噬乾肉得黄金也已雖不正而刑戮得當故雖貞
厲而无咎也象曰貞厲无咎得當也上九何校滅耳凶處罰之極惡積不改
者也罪非所懲故刑及其首至于滅耳及首非誡滅耳非懲凶莫甚焉○何何可反又音何本亦作荷音同下同王肅云荷擔象曰

何校滅耳聰不明也聰不明故不慮惡積至于不可解也○聰不明也馬云耳无所聞鄭云目不明耳不聰王肅云言其聰之不明解佳買反

☲☶離下艮上賁亨小利有攸往彖曰賁亨柔來而文剛故亨分剛上而文柔故小利有攸往剛柔不分文何由生故坤之上六來居二位柔來文剛之義也柔來文剛居位得中是以亨乾之九二分居上位分剛上而文柔之義也剛上文柔不得中位不若柔來文剛故小利有攸往○賁彼僞反徐甫寄反李軌府盆反傅氏云賁古班字文章貌鄭云变也文飾之貌王肅符文反云有坎飾黃白色艮宮一世卦上時掌反注皆同天文也剛柔交錯而成文焉天之文也文明以止人文也止物不以威武而以文明人之文也觀乎天文以察時變觀乎人文以化成天下解天之文則時变可知也解人之文則化成可爲也○解音蟹下同象曰山下有火賁君子以明庶政无敢折獄處賁之時止物以文明不可以威刑故君子以明庶政而无敢折獄○明蜀才本作命折之舌反注同鄭云斷也斷丁亂反初九賁其趾舍車而徒在賁之始以剛處下居於无位棄於不義安夫徒步以從其志者也故飾其趾舍車而徒義弗乘之謂也○趾一本作止鄭云趾足舍音捨下及注同車音居鄭本作輿從漢時始有居音安夫音符象曰舍車而

徒義弗乘也六二賁其須得其位而无應三亦无應俱无應而比焉近而相得者也須之爲物上附
者也循其所履以附於上故曰賁其須也○須如字從彡水邊作非比毗志反下同上特掌反循似遵反象曰賁其須
與上興也九三賁如濡如永貞吉處下體之極居得其位與二相比俱履其正和合相潤以
成其文者也既得其飾又得其潤故曰賁如濡如也永保其貞物莫之陵故曰永貞吉也○濡如臾反象曰永貞之吉
終莫之陵也六四賁如皤如白馬翰如匪寇婚媾有應在初而閡於三
爲己寇難二志相感不獲通亨欲靜則欽初之應欲進則懼三之難故飾或素內懷疑懼也鮮絜其馬翰如以待雖履正位未敢果其志也三爲剛
猛未可輕犯匪寇乃婚終无尤也○皤白波反說文云老人貌董音盤荀云馬作足橫行曰皤鄭陸作燔音煩荀作波翰戶旦反董黃云馬舉頭高卬也
馬荀云高也鄭云白也亦作寒案反媾古豆反閡五戴反難乃旦反下同象曰六四當位疑也匪寇婚
媾終无尤也六五賁于丘園束帛戔戔吝終吉處得尊位爲飾之主
飾之盛者也施飾於物其道害也施飾丘園盛莫大焉故賁於束帛丘園乃落賁于丘園帛乃戔戔用莫過儉泰而能約故必吝焉乃得終吉也○
黃本賁作世束子夏傳云五匹爲束三玄二纁象陰陽戔戔在千反馬云委積貌薛虞云禮之多也又音牋黃云猥積貌一云顯見貌子夏傳作殘
殘象曰六五之吉有喜也上九白賁无咎處飾之終飾反素故故任其質素不勞文

飾而无咎也以白爲飾而无患憂得志者也○喜如字徐許意反无妄大畜卦放此 象曰白賁无咎上得志也

䷖坤下艮上 剝不利有攸往彖曰剝剝也柔變剛也不利有攸往小人長也順而止之觀象也君子尚消息盈虛天行也坤順而艮止也所以順而止之不敢以剛止者以觀其形象也强亢激拂觸忤以隕身身既傾焉功又不就非君子之所尚也○剝邦角反彖云剝剝也馬云落也說文云剝裂也乾宮五世卦長丁丈反下注皆同激經歷反拂附弗反忤五故反隕于敏反 象曰山附於地剝上以厚下安宅厚下者牀不見剝也安宅者物不失處也厚下安宅治剝之道也○處昌呂反又昌預反 初六剝牀以足蔑貞凶牀者人之所以安也剝牀以足猶云剝牀之足也蔑猶削也剝牀之足滅下之道也下道始滅剛隕柔長則正削而凶來也○蔑莫結反馬云无也鄭云輕慢荀作滅削相略反或作消此從荀本也下皆然 象曰剝牀以足以滅下也六二剝牀以辨蔑貞凶蔑猶甚極之辭也辨者足之上也剝道浸長故剝其辨也稍近於牀轉欲滅物之所處長柔而削正以斯爲德物所棄也○辨徐音辦具之辦足上也馬鄭同黄云牀簀也薛虞云膝下也鄭符勉反王肅否勉反否孚鳩反下同近附近之近 象曰剝牀以辨未有與也六三剝之无咎與上爲應群陰剝陽我獨協焉雖處於剝可以无咎○剝无咎一本作剝之无咎非 象曰剝之无咎失上下也三上下各有二陰而三獨

應於陽則失上下也六四剥牀以膚凶初二剥牀民所以安未剥其身也至四剥道浸長牀既剥盡以及人身小人遂盛物將失身豈唯削正靡所不凶○膚方于反京作簠謂祭器象曰剥牀以膚切近災也六五貫魚以宮人寵无不利處剥之時居得尊位爲剥之主者也剥之爲害小人得寵以消君子者也若能施寵小人於宮人而已不害於正則所寵雖衆終无尤也貫魚謂此衆陰也駢頭相次似貫魚也○近如字徐巨靳反鄭云切急也貫古亂反徐音官穿也駢薄田反象曰以宮人寵終无尤也上九碩果不食君子得輿小人剥廬處卦之終獨全不落故果至于碩而不見食也君子居之則爲民覆蔭小人用之則剥下所庇也○輿音餘京作德輿董作德車廬力居反蔭於鴆反茈本又作庇必利反又悲備反象曰君子得輿民所載也小人剥廬終不可用也

䷗震下坤上復亨出入无疾朋來无咎反復其道七日來復利有攸往彖曰復亨剛反動而以順行是以出入无疾入則爲反出則剛長故无疾疾猶病也○復音服還也坤宮一世卦朋如字京作崩復芳福反劉本同本又作覆復彖弁注反復皆同剛反絶句長丁丈反下文注皆同朋來无咎朋謂陽也反復其道七日來復陽氣始剥盡至來復時凡七日

天行也以天之行反復不過七日復之不可遠也利有攸往剛長也往則小人道消也復其見天地之心乎復者反本之謂也天地以本爲心者也凡動息則靜靜非對動者也語息則默默非對語者也然則天地雖大富有萬物雷動風行運化萬變寂然至无是其本矣故動息地中乃天地之心見也若其以有爲心則異類未獲具存矣○見賢遍反具存本亦作其存象曰雷在地中復先王以至日閉關商旅不行后不省方方事也冬至陰之復也夏至陽之復也故爲復則至於寂然大靜先王則天地而行者也動復則靜行復則止事復則无事也○商旅鄭云資貨而行曰商旅客也初九不遠復无祇悔元吉最處復初始復者也復之不遠遂至迷凶不遠而復幾悔而反以此脩身患難遠矣錯之於事其殆庶幾乎故元吉也○祇音支辭也馬同音之是反韓伯祈支反云大也鄭云病也王肅作禔時支反陸云禔安也九家本作多字音支幾音機下同又音祈難乃旦反遠袁萬反錯七故反象曰不遠之復以脩身也六二休復吉得位處中最比於初上无陽爻以疑其親陽爲仁行在初之上而附順之下仁之謂也既處中位親仁善鄰復之休也○休虛虬反比毗志反行下孟反下遐嫁反象曰休復之吉以下仁也六三頻復厲无咎嚬頻蹙之貌也處下體之終雖愈於上六之迷已失復遠矣是以蹙也蹙而求復未至於迷故雖危无咎也復道宜速蹙而乃復義雖无咎它來難保○以下仁也如字王肅下附於仁徐户嫁反頻頻本作嚬嚬眉也鄭作卑音同馬云憂頻也蹙子寂反下同

憂也又子六反 象曰頻復之厲義无咎也六四中行獨復 四上下各有二
陰而處厥中履得其位而應於初獨得所復順道而反物莫之犯故曰中行獨復也 象曰中行獨復以從道
也六五敦復无悔 居厚而履中居厚則无怨履中則可以自考雖不足以及休復之吉守厚以復悔可免也 象
曰敦復无悔中以自考也上六迷復凶有災眚用行師終
有大敗以其國君凶至于十年不克征 最處復後是迷者也以迷求復故曰迷復
也用之行師難用有克也終必大敗用之於國則反乎君道也大敗乃復量斯勢也雖復十年脩之猶未能征也○考鄭云成也向云察也災本又
作灾鄭作烖按說文烖正字也灾或字也𤆎籀文也眚生領反子夏傳云傷害曰災妖祥曰眚鄭云異自內生曰眚自外曰祥害物曰災量
音良復扶又反 象曰迷復之凶反君道也

䷘ 震下乾上 无妄元亨利貞其匪正有眚不利有攸往彖
曰无妄剛自外來而爲主於內 謂震也○妄云亮反无妄无虛妄也說文云妄亂也馬鄭王肅
皆云妄猶望謂无所希望也巽宮四世卦 動而健 震動而乾健也 剛中而應 謂五 大亨以正
天之命也 剛自外來而爲主於內動而愈健剛中而應威剛方正私欲不行何可以妄使有妄之道滅无妄之道成非大亨利貞而

何剛自外來而為主於內則柔邪之道消矣動而愈健則剛直之道通矣剛中而應則齊明之德著矣故大亨以正也夫之教命何可犯乎何可妄乎是以匪正則有眚而不利有攸往也○邪似嗟反 其匪正有眚不利有攸往无妄之往何之矣天命不祐行矣哉 匪正有眚不求改以從正而欲有所往居不可以妄之時而欲以不正有所往將欲何之天命之所不祐竟矣哉○祐音又鄭云助也本又作祐馬作右謂天不右行 象曰天下雷行物與无妄 与辭也猶皆也天下雷行物皆不可以妄也 先王以茂對時育萬物 茂盛也物皆不敢妄然後万物乃得各全其性對時育物莫盛於斯也○馬云茂勉也對配也 初九无妄往吉 躰剛處下以貴下賤行不犯妄故往得其志○下遐嫁反 象曰无妄之往得志也六二不耕穫不菑畬則利有攸往 不耕而穫不菑而畬代終已成而不造也不擅其美乃盡臣道故利有攸往○不耕穫或依注作不耕而穫非下句亦然穫黄郭反菑側其反馬云田一歲也董云反草也畬音餘馬曰田三歲也董云悉耨曰畬說文云二歲治田也字林弋恕反擅市戰反 象曰不耕穫未富也六三无妄之災或繫之牛行人之得邑人之災 以陰居陽行違謙順是无妄之所以為災也牛者稼穡之資也三以不耕而穫剥有攸往而三為不順之行故或繫之牛是有司之所以為獲彼人之所以為災也故曰行人之得邑人之災也○行違之行並下孟反稼音嫁穡音色穫如字或作穫非 象曰行人

得牛邑人災也九四可貞无咎〔處无妄之時以陽居陰以剛乘柔履於謙順比近至尊故可以任正固有所守而无咎也○比毗志反近附近之近〕象曰可貞无咎固有之也九五无妄之疾勿藥有喜〔居得尊位為无妄之主者也下皆无妄害非所致而取藥焉疾之甚也非妄之災勿治自復非妄而藥之則凶故曰勿藥有喜〕象曰无妄之藥不可試也〔藥攻有妄者也而反攻无妄故不可試也○試驗也一云用也〕上九无妄行有眚无攸利〔處不可妄之極唯宜靜保其身而已故不可以行也〕象曰无妄之行窮之災也

☶☰乾下艮上 大畜利貞不家食吉利涉大川彖曰大畜剛健篤實煇光日新其德〔凡物既厭而退者弱也既榮而隕者薄也夫能煇光日新其德者唯剛健篤實也○畜本又作蓄勑六反義與小畜同艮宮二世卦大畜剛健絕句篤實煇光絕句鄭以日新絕句其德連下句厭於豔反夫音符下非夫同〕剛上而尚賢〔謂上九也處上而大通剛來而不距尚賢之謂也〕能止健大正也〔健莫過乾而能止之非夫大正未之能也〕不家食吉養賢也利涉大川應乎天也〔有大畜之實以之養賢令賢者不家食乃吉也尚賢制健大正應天不憂險難故利涉大川也○令力呈反下同難乃旦反下過難同〕象曰天在

山中大畜君子以多識前言往行以畜其德物之可畜於懷令德不散盡於此也○識如字又音試劉音志行下孟反初九有厲利已四乃畜已未可犯也故進則有厲已則利也○已夷止反下及注已則能已同或音紀姊同象曰有厲利已不犯災也處健之始未果其健者固能利已九二輿說輹五處畜盛未可犯也遇斯而進故輿說輹也居得其中能以其中不爲馮河死而無悔遇難能止故无尤也○輿音餘下同本或作轝音同說吐活反注及下同馬云解也輹音服又音福蜀才本同或作輻一云車旁作复音服車下縛也作畐者音福老子所云三十輻共一轂是也釋名云輹似人屐又曰伏莬在軸上似之又曰輹伏於軸上馮皮冰反象曰輿說輹中无尤也九三良馬逐利艱貞曰閑輿衛利有攸往凡物極則反故畜極則通初二之進值於畜盛故不可以升至於九三升于上九而上九處天衢之亨塗徑大通進无違距可以馳騁故曰良馬逐也履當其位進得其時在乎通路不憂險阸故利艱貞也閑閡也衛護也進得其時雖涉艱難而無患也輿雖遇閑而故衛也與上合志故利有攸往也○逐如字鄭本作逐逐云兩馬走也姚云逐逐疾並驅之皃一音胄曰音越劉云曰猶言也鄭人實反云日習車徒閑如字馬鄭云習阸於革反本亦作阨象曰利有攸往上合志也六四童牛之牿元吉處艮之始履得其位能止健初距不以角柔以止剛剛不敢犯抑銳之始以息強爭豈唯獨利乃將有喜也○童牛无角牛也廣蒼作犝童妛也牿古毒反牿之言角也陸云牿當作

角九家作告說文同云牛觸角著橫木所以告人捔於力反下同本又作挫災臥反強其良反爭爭鬬之爭 象曰六四元

吉有喜也六五豶豕之牙吉豕牙橫猾剛暴難制之物謂二也五象得尊位為畜之主二剛而進能豶其牙柔能制健禁暴抑盛豈唯能固其位乃將有慶也○豶符云反劉云豕去勢曰豶牙徐五加反鄭讀為互剛暴一本作剛突禁音金

象曰六五之吉有慶也上九何天之衢亨處畜之極畜極則通大畜以至於大亨之時何辭也猶云何畜乃天之衢亨也○何音河梁武帝音賀衢其俱反馬云四達謂之衢亨許庚反 象曰何天之衢

道大行也

䷚震下艮上 頤貞吉觀頤自求口實彖曰頤貞吉養正則

吉也觀頤觀其所養也自求口實觀其自養也天地

養萬物聖人養賢以及萬民頤之時大矣哉象曰山下

有雷頤君子以慎言語節飲食言語飲食猶慎而節之而況其餘乎○頤以之反此篆象文

字也巽宮遊魂卦 初九舍爾靈龜觀我朵頤凶朵頤者嚼也以陽處下而為動始不能令物由己養動而求養者也夫安身莫若不競脩己莫若自保守道則福至求祿則辱來居養賢之世不能貞其所履以全其德而舍其靈龜之明兆羨我

朶頤而躁求離其致養之至道闚我寵祿而競進凶莫甚焉○舍音捨注同朶多果反動也鄭同京作揣嚌詳略反令力呈反離力智反闚苦規反

象曰觀我朶頤亦不足貴也六二顚頤拂經于丘頤征凶養下曰顚拂違也經猶義也丘所履之常也處下體之中无應於上反而養初居下不奉上而反養下故曰顚頤拂經于丘也以此而養未見其福也以此而行未見有與故曰頤征凶○顚丁田反拂符弗反注下皆同一音敷弗反子夏傳作弗云輔弼也象曰六二征凶行失類也類皆上養而二處下養初六三拂頤貞凶十年勿用无攸利履夫不正以養於上納上以諂者也拂養正之義故曰拂頤貞凶也處頤而為此行十年見棄者也立行於斯无施而利○行下孟反下立行同

象曰十年勿用道大悖也六四顚頤吉虎視眈眈其欲逐逐无咎體屬上體居得其位而應於初以上養下得頤之義故曰顚頤吉也下交不可以瀆故虎視眈眈威而不猛不惡而嚴養德施賢何可有利故其欲逐逐尚敦實也修此二者然後乃得全其吉而无咎觀其自養則履正察其所養則養陽頤爻之貴斯為盛矣○悖布內反逆也視徐市志反又常止反眈丁南反馬云虎下視皃一音大南反逐如字薛云速也子夏傳作攸攸志林云攸當為逐蘇林音迪荀作悠悠劉作跾云遠也說文跾式六反施始豉反下文同又如字象曰顚頤之吉上施光也六五拂經居貞吉不可涉大川以陰居陽拂頤之義也行則失類故宜居貞也无應於下而比於上故可守貞從上得頤

之吉雖得居貞之吉處頤違謙難未可涉也○比眺志反得頤一本作得順難乃旦反象曰居貞之吉順以從

上也上九由頤厲吉利涉大川以陽處上而履四陰陰不能獨為主必宗於陽也故莫不由之以得其養故曰由頤為衆陰之主不可瀆也故厲乃吉有似家人悔厲之義貴而无位是以厲也高而有民是以吉也為養之主物莫之違故利涉大川也○厲嚴厲也馬王肅云危象曰由頤厲吉大有慶也

䷛巽下兌上大過音相過之過○過徐古臥反注同罪過也超過也王肅音戈震宮遊魂卦棟橈利有攸

往亨彖曰大過大者過也大者乃能過也○橈乃教反由折也下同棟橈本末弱

也初為本而上為末也剛過而中謂二也居陰過也處二中也拯弱興衰不失其中也○拯拯救之拯弱本亦作溺並依字讀下救其弱拯弱皆同巽而說行巽而說行以此救難難乃濟也○說音悅注同難難並乃旦反上六注同利有攸

往乃亨危而弗持則將安用故往乃亨大過之時大矣哉是君子有為之時也象曰澤滅

木大過君子以獨立不懼遯世无悶此所以為大過非凡所及也○遯本又作遁同徒遜反

初六藉用白茅无咎以柔處下過而可以无咎其唯慎乎○藉在夜反下同馬云在下曰藉慎辰震反象曰

藉用白茅柔在下也九二枯楊生稊老夫得其女妻无

不利稊者楊之秀也以陽處陰能過其本而救其弱者也上无其應心无特吝處過以此无衰不濟也故能令枯楊更生稊老夫更得少妻拯
弱興衰莫盛斯爻故无不利也老過則枯少過則稚以老分少則稚者長以稚分老則枯者榮過以相與之謂也大過至衰而已至壯以至壯輔至衰應
斯義也○枯如字鄭音姑謂无姑山楡楡羊朱反稊徒稽反鄭作荑荑木更生音夷謂山楡之實夫如字下同将或作持令力呈反少詩照反下同
稚直吏反長丁丈反象曰老夫女妻過以相與也九三棟橈凶居大過之時處下體
之極不能救危拯弱以隆其棟棟而以陽處陽自守所居又應於上係心在一宜其淹溺而凶衰也○溺乃歷反象曰棟橈之
凶不可以有輔也九四棟隆吉有它吝體屬上體以陽處陰能拯其弱不爲下所
橈者也故棟隆吉也而應在初用心不弘故有它吝也象曰棟隆之吉不橈乎下也九
五枯楊生華老婦得其士夫无咎无譽處得尊位而以陽處陽未能拯危處得尊
位亦未有橈故能生華不能生稊能得夫不能得妻處棟橈之世而爲无咎无譽何可長哉故生華不可久士夫誠可醜也○華如字徐音花譽音
頊又音餘象曰枯楊生華何可久也老婦士夫亦可醜也上六
過涉滅頂凶无咎處大過之極過之甚也涉難過甚故至于滅頂凶志在救時故不可咎也○頂徐都冷反象
曰過涉之凶不可咎也雖凶无咎不害義也

䷜坎下坎上 習坎 坎險陷之名也習謂便習之○習劉云水流行不休故曰習坎徐苦感反本亦作埳京劉作欿八純卦象水陷陷沒之陷便婢面反下同 有孚維心亨 剛正在內有孚者也陽不外發而在乎內心亨者也 行有尚 內亨外闇內剛外順以此行險行有尚也 彖曰習坎重險也 坎以險為用故特名曰重險言習坎者習乎重險也○重直龍反注下並同 水流而不盈行險而不失其信 險陗之極故水流而不能盈也處至險而不失剛中行險而不失其信者習險之謂也○陗七妙反 維心亨乃以剛中也行有尚往有功也 便習於坎而之坎地盡坎之宜故往必有功也 天險不可升也 不可得升故得保其威尊 地險山川丘陵也 有山川丘陵故物得以保全也 王公設險以守其國 國之為衛恃於險也言自天地以下莫不須險也 險之時用大矣哉 非用之常用有時也 象曰水洊至習坎 重險縣絕故水洊至也不以坎為隔絕相仍而至習乎坎也○洊在薦反徐在悶反舊又才本反爾雅云再也京作臻干作荐 君子以常德行習教事 至險未夷教不可廢故以常德行而習教事也習於坎然後乃能不以險難為困而德行不失常也故則夫習坎以常德行而習教事也○行下孟反注同難乃旦反下險難同夫音符 初六習坎入于坎窞凶 習坎者習為險難之事也最處坎底入坎窞者也處重險而復入坎底其道凶也行險而不能自濟習坎而入坎窞失道而窮在坎底上无應援可以自濟是以凶也○窞徒坎反

說文云坎中更有坎王肅又陵感反字林云坎中小坎一曰旁入復扶又反下雖復同 象曰習坎入坎失道凶也九二坎有險求小得履失其位故曰坎上无應援故曰有險坎而有險未能出險之中也處中而與初三相得故可以求小得也初三未足以為援故曰小得也 象曰求小得未出中也六三來之坎坎險且枕入于坎窞勿用既履非其位而又處兩坎之間出則之坎居則亦坎故曰來之坎坎也枕者枝而不安之謂也出則无之處則无安故曰險且枕也來之皆坎无所用之徒勞而已○險如字古文及鄭向本作檢鄭云木在手曰檢枕徐針鴆反王肅針甚反鄭玄云木在首曰枕陸云閑礙險害之皃九家作玷古文作沈沈直林反出則之坎一本作出則亦坎誤 象曰來之坎坎終无功也六四樽酒簋貳用缶納約自牖終无咎處重險而履正以柔居柔履得其位以承於五五亦得位剛柔各得其所不相犯位皆无餘應相以承比明信顯著不存外飾處坎以斯雖復一樽之酒二簋之食瓦缶之器納此至約自進於牖乃可羞之於王公薦之於宗廟故終无咎也○樽酒絕句樽音尊簋貳絕句簋音軌缶方有反絕句舊讀樽酒簋絕句貳用缶一句牖音酉陸音誘比眺志反下同食音嗣飯也 象曰樽酒簋貳剛柔際也剛柔相比而相親焉際之謂也○樽酒簋貳一本無貳字 九五坎不盈祇既平无咎為坎之主而无應輔可以自佐未能盈坎者也坎之不盈則險不盡矣祇辭也為坎之主盡平乃无咎故曰祇既平无咎也說既平乃无咎明九五未免於咎也○祇音支又祁支反鄭

云當爲坻小丘也京作禔說文同音支又上支反安也盡津忍反象曰坎不盈中未大也上六係用徽纆寘于叢棘三歲不得凶險陗之極不可升也嚴法峻整難可犯也宜其囚執寘于思過之地三歲險道之夷也險終乃反故三歲不得自修三歲乃可以求復故曰三歲不得凶也○徽許韋反纆音墨劉云三股曰徽兩股曰纆皆索名寘之豉反置也注同劉作示言衆議於九棘之下也子夏傳作湜姚作寔寔置也張作置叢才公反峻荀潤反象曰上六失道凶三歲也

☲ 離下離上 離利貞亨離之爲卦以柔爲正故必貞而後乃亨故曰利貞亨也○離列池反八純卦象日象火畜牝牛吉柔處于內而履正中牝之善也外強而內順牛之善也離之爲體以柔順爲主者也故不可以畜剛猛之物而吉於畜牝牛也○畜許六反注同牝頻忍反徐又扶死反強其良反彖曰離麗也離猶著也各得所著之宜○著直略反卦內同日月麗乎天百穀草木麗乎土重明以麗乎正乃化成天下柔麗乎中正故亨是以畜牝牛吉也柔著于中正乃得通也柔通之吉極於畜牝牛不能及剛猛也○麗乎土麗如字說文作䕻麗土王肅本作地重直龍反象曰明兩作離大人以繼明照于四方繼謂不絕也明照相繼不絕曠也○鄭云作起也荀云用也明照相繼一本無明照二字初九履錯

然敬之无咎錯然者警慎之貌也處離之始將進而盛未在既濟故宜慎其所履以敬爲務辟其咎也○錯鄭徐七各反馬七路反警京領反辟音避象同象曰履錯之敬以辟咎也六二黃離元吉居中得位以柔處柔履文明之盛而得其中故曰黃離元吉也象曰黃離元吉得中道也九三日昃之離不鼓缶而歌則大耋之嗟凶嗟憂歎之辭也處下離之終明在將沒故曰日昃之離也明在將終若不委之於人養志无爲則至于耋老有嗟凶矣故曰不鼓缶而歌則大耋之嗟凶也○昃王嗣宗本作仄音同鼓鄭本作擊耋田節反馬云七十曰耋王肅又他結反云八十曰耋京作絰蜀才作咥嗟如字王肅又遭哥反荀作差下嗟若亦爾凶古文及鄭無凶字象曰日昃之離何可久也九四突如其來如焚如死如棄如處於明道始變之際昏而始曉沒而始出故曰突如其來如其明始進其炎始盛故曰焚如逼近至尊履非其位欲進其盛以炎其上命必不終故曰死如違離之義无應无承衆所不容故曰棄如○突徒忽反王肅唐屑反舊又湯骨反字林同云暫出近附近之近象曰突如其來如无所容也六五出涕沱若戚嗟若吉履非其位不勝所履以柔乘剛不能制下下剛而進將來害己憂傷之深至于沱嗟也然所麗在尊四爲逆首憂傷至深衆之所助故乃沱嗟而獲吉也○出如字徐尺遂反又勑類反涕他米反又音弟沱徒河反荀作池又作沲古文若皆如此戚千寂反子夏傳作嘁嘁子六反咨慚也勝音升首又作道兩得象曰

六五之吉離王公也上九王用出征有嘉折首獲匪其醜无咎離麗也各得安其所麗謂之離處離之極離道已成則除其非類以去民害王用出征之時也故必有嘉折首獲匪其醜乃得无咎也○離王公也音麗鄭作麗王肅云麗王者之後爲公梁武力智反王嗣宗同折徐之舌反注同象曰王用出征以正邦也○王肅本此下更有獲匪其醜大有功也

周易卷第三

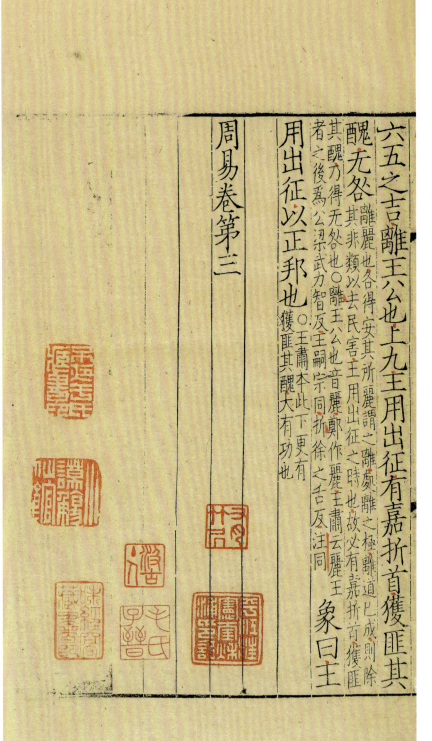

周易下經咸傳第四　王弼注

䷞艮下兌上 咸亨利貞取女吉彖曰咸感也柔上而剛下二氣感應以相與是以亨也○咸如字彖云感也兌宮三世卦取七具反本亦作娶音同與如字鄭云與猶親也止而說故利貞也○說音悅男下女取女吉也○下遐嫁反下注必下同是以亨利貞取女吉也天地感而萬物化生二氣相與乃化生也聖人感人心而天下和平觀其所感而天地萬物之情可見矣天地萬物之情見於所感也凡感之為道不能感非類者也故引取女以明同類之義也同類而不相感應以其各亢所處也故女雖應男之物必下之而後取女乃吉也○見賢遍反亢口浪反本或作有象曰山上有澤咸君子以虛受人以虛受人物乃感應初六咸其拇處咸之初為感之始所感在末故有志而已如其本實未至傷靜○拇茂后反馬鄭薛云足大指也子夏作䟀荀作母云陰位之尊象曰咸其拇志在外也四屬外卦六二咸其腓凶居吉咸道轉進離拇升腓腓體動躁者也感物以躁凶之道也由躁故凶居則吉矣處不乘剛故可以居而獲吉○腓房非反鄭云膞腸也膞市兖反王廙云腓腓腸也荀作肥云謂五也尊盛故稱肥離力智反躁早報反象曰雖凶居吉順不害也陰而為居順之道也不躁而居順不害也九三咸

其股執其隨往吝股之為物隨足者也進不能制動退不能靜處所感在股志在隨人者也志在隨人所執亦以賤矣用斯以往吝其宜矣○股音古象曰咸其股亦不處也志在隨人所執下也九四貞吉悔亡憧憧往來朋從爾思處上卦之初應下卦之始居體之中在股之上二體始相交感以通其志心神始感者也凡物始感而不以之於正則至於害故必貞然後乃吉吉然後乃得亡其悔也始在於感未盡感極不能至於无思以得其黨故有憧憧往來然後朋從其思也○憧憧昌容反馬云行皃王肅云往來不絕皃廣雅云往來也劉云意未定也徐又音童又音鍾京作憧字林云憧遲也丈冢反象曰貞吉悔亡未感害也未感於害故可正之得悔亡也憧憧往來未光大也九五咸其脢无悔脢者心之上口之下進不能大感退亦不為无志其志淺末故无悔而已○脢武杯反又音每鄭云脢背脊肉也說文同王肅又音灰廣雅云胂謂之脢胂以人反象曰咸其脢志末也上六咸其輔頰舌咸道轉末故在口舌言語而已○輔如字馬云上頷也虞作酺云耳目之間頰兼叶及孟作俠象曰咸其輔頰舌滕口說也輔頰舌者所以為語之具也咸其輔頰舌則滕口說也憧憧往來猶未光大況在滕口薄可知也○滕徒登反達也九家作乘虞作媵鄭云送也說如字徐音脫又始銳反

☴巽下☳震上恒亨无咎利貞恒而亨以濟三事也恒之為道亨乃无咎也恒通无咎乃利正也○恒如字久也震

宫三世卦利有攸往各得所恒修其常道終則有始也往而无違故利有攸往彖曰恒久也剛上而柔下剛尊柔卑得其序也雷風相與長陽長陰能相成也○長竝丁丈反大象注同巽而動動无違也剛柔皆應不孤媲也○媲普計反配也恒皆可久之道恒亨无咎利貞久於其道也道得所久則恒通无咎而利正也天地之道恒久而不已也得其所久故不已也利有攸往終則有始也得其常道故終則復始往无窮極○復扶又反日月得天而能久照四時變化而能久成聖人久於其道而天下化成言各得其所恒故皆能長久觀其所恒而天地萬物之情可見矣天地萬物之情見於所恒也○見賢遍反象曰雷風恒長陽長陰合而相與可久之道也君子以立不易方得其所久故不易也初六浚恒貞凶无攸利處恒之初最處卦底始求深者也求深窮底令物无餘縕漸以至此物猶不堪而況始求深者乎以此為恒凶正害德无施而利也○浚荀潤反鄭作濬令力呈反縕紆粉反廣雅云積也象曰浚恒之凶始求深也九二悔亡雖失其位恒位於中可以消悔也象曰九二悔亡能久中也九三不恒其德或承之羞貞吝處三陽之中居下體之上

處上體之下上不全尊下不全卑中不在體體在乎恒而分无所定无恒若也德行无恒自相違錯不可致詰故或承之羞也施德於斯物莫之納鄙賤甚矣故曰貞吝也○或承或有也一云常也鄭本作咸承行下孟反詰去吉反分扶運反象曰不恒其德无所容也九四田无禽恒於非位雖勞无獲也象曰久非其位安得禽也六五恒其德貞婦人吉夫子凶居得尊位爲恒之主不能制義而係應在二用心專貞從唱而已婦人之吉夫子之凶也象曰婦人貞吉從一而終也夫子制義從婦凶也上六振恒凶夫靜爲躁君安爲動主故安者上之所處也靜者可久之道也處卦之上居動之極以此爲恒无施而得也○振之刃反馬云動也鄭云搖落也張作震象曰振恒在上大无功也

䷠艮下乾上遯亨小利貞彖曰遯亨遯而亨也遯之爲義遯乃通也○遯徒巽反字又作遂又作遁同隱退也匿迹避時奉身退隱之謂也鄭云逃去之名序卦云遯者退也乾宮二世卦剛當位而應與時行也謂五也剛當位而應非否亢也遯不否亢能與時行也○否備鄙反下同亢苦浪反小利貞浸而長也陰道欲浸而長正道亦未全滅故小利貞也○浸子鴆反注同長丁丈反卦內同或如字遯之時義大矣哉象曰天下有山遯天下有山陰長之象君子以遠小人不惡而

嚴初六遯尾厲勿用有攸往 遯之爲義辟内而之外者也尾之爲物最在體後者也處遯之時不
往何災而爲遯尾禍所及也危至而後求行難可免乎厲則勿用有攸往也○遠表万反注同辟音避何音河褚何可反今不用難乃旦反
象曰遯尾之厲不往何災也六二執之用黃牛之革莫
之勝說 居内處中爲遯之主物皆遯已何以固之若能執乎理中厚順之道以固之也則莫之勝解○勝升證反又音升注同說王肅
如字解說也師同徐吐活反又始銳反已音以或音紀 象曰執用黃牛固志也九三係遯
有疾厲畜臣妾吉 在内近二以陽附陰宜遯而繫故曰繫遯遯之爲義宜遠小人以陽附陰繫於所在不能遠害
亦已憊矣宜其屈辱而危厲也繫於所在畜臣妾可也施於大事凶之道也○係古詣反本或作繫近附近之近憊蒲拜反鄭云困也廣雅云極也
王肅作𤺊荀作備 象曰係遯之厲有疾憊也畜臣妾吉不可大
事也九四好遯君子吉小人否 處於外而有應於内君子好遯故能舍之小人繫戀是以否也
○好呼報反注下同否音鄙注下同惡也徐方有反鄭王肅備鄙反云塞也舍音捨 象曰君子好遯小人
否也 音臧否之否也 九五嘉遯貞吉 遯而得正反制於内小人應命率正其志不惡而嚴得正之吉遯之嘉也
象曰嘉遯貞吉以正志也上九肥遯无不利 最處外極无應於内超然絶志

心无疑顧憂患不能累繒繳不能及是以肥遯无不利也○肥如字子夏傳云肥饒裕累劣僞反繒則能反繳章略反象曰肥遯无不利无所疑也

䷡乾下震上大壯利貞彖曰大壯大者壯也大者謂陽爻小道將滅大者獲正故利貞也○壯莊亮反威盛強猛之名鄭云氣力浸強之名王肅云壯盛也廣雅云健也馬云傷也郭璞云今淮南人呼壯爲傷坤宮四世卦剛以動故壯大壯利貞大者正也正大而天地之情可見矣天地之情正大而已矣弘正極大則天地之情可見矣象曰雷在天上大壯剛以動也君子以非禮弗履壯而違禮則凶凶則失壯也故君子以大壯而順禮也○慎或作順義亦通初九壯于趾征凶有孚夫得大壯者必能自終成也未有陵犯於物而得終其壯者在下而壯故曰壯于趾也居下而用剛壯以斯而進窮凶可必也故曰征凶有孚也象曰壯于趾其孚窮也言其信窮九二貞吉居得中位以陽居陰履謙不亢是以貞吉象曰九二貞吉以中也九三小人用壯君子用罔貞厲羝羊觸藩羸其角處健之極以陽處陽用其壯者也故小人用之以爲壯君子用之以爲羅已者也貞厲以壯雖復羝羊以之觸藩能无羸乎○罔羅也馬王肅云无羝羊音低張云羖羊也廣雅云吴羊曰羝觸徐處六反藩方袁

反徐甫言反下同馬云籬落也羸律悲反又力追反下同馬云大索也徐力皮反王肅作縲音螺鄭虞作纍蜀才作累張作虆復扶又反象曰小人用壯君子罔也九四貞吉悔亡藩決不羸壯于大輿之輹下剛而進將有憂虞而以陽處陰行不違謙不失其壯故得貞吉而悔亡也已得其壯而上陰不罔已路故藩決不羸也壯于大輿之輹无有能說其輹者可以往也○決音穴注下同輿音餘輹音福本又作輻行下孟反說吐活反象曰藩決不羸尚往也六五喪羊于易无悔居於大壯以陽處陽猶不免咎而況以陰處陽以柔乘剛者乎羊壯也必喪其羊失其所居也能喪壯于易不于險難故得无悔二履貞吉能幹其任而已委焉則得无悔委之則難不至居之則敵寇來故曰喪羊于易也○喪息浪反注下同易以豉反注下同鄭音亦謂佼易也陸作埸謂疆埸也險難如字亦乃旦反則難乃旦反象曰喪羊于易位不當也上六羝羊觸藩不能退不能遂无攸利艱則吉有應於三故不能退懼於剛長故不能遂持疑猶與志无所定以斯決事未見所利雖處剛長剛不害正苟定其分固志在一以斯自處則憂患消亡故曰艱則吉也○與音預一本作預分扶問反象曰不能退不能遂不詳也艱則吉咎不長也○詳審也鄭王肅作祥善也

☷☲坤下離上晉康侯用錫馬蕃庶晝日三接彖曰晉進也

明出地上順而麗乎大明柔進而上行凡言上行者所之在貴也〇晉彖云進也孟作齊齊子西反義同乾宮遊䰟卦康美之名也馬云安也鄭云尊也廣也陸云安也樂也蕃音煩多也鄭發袁反庶如字衆也鄭止奢反謂蕃遮禽也晝竹又反三徐息暫反下及注同接如字鄭音捷勝也上時掌反凡上行並同是以康侯用錫馬蕃庶晝日三接也康美之名也順以著明臣之道也柔進而上行物所與也故得錫馬而蕃庶以訟受服則終朝三褫柔進受寵則一晝三接也〇著直略反下著明同褫敕紙反又直紙反象曰明出地上晉君子以自昭明德以順著明自顯之道初六晉如摧如貞吉罔孚裕无咎處順之初應明之始明順之德於斯將隆進明退順不失其正故曰晉如摧如貞吉也處卦之始功業未著物未之信故曰罔孚方踐卦始未至履位以此爲足自喪其長者也故必裕之然後无咎〇摧罪雷反退也鄭讀如南山崔崔之摧著張慮反喪息浪反象曰晉如摧如獨行正也裕无咎未受命也未得履位未受命也六二晉如愁如貞吉受茲介福于其王母進而无應其德不昭故曰晉如愁如居中得位履順而正不以无應而回其志處晦能致其誠者也脩德以斯聞乎幽昧得正之吉也故曰貞吉母者處內而成德者也鳴鶴在陰則其子和之立誠於闇闇亦應之故其初愁如履貞不回則乃受茲大福于其王母也〇愁狀由反鄭子小反云變色皃介音戒大也馬同聞亦作文又作交義並通和胡卧反象曰受

玆介福以中正也六三衆允悔亡處非其位悔也志在上行與衆同信順而麗明故得悔亡
也象曰衆允之志上行也九四晉如鼫鼠貞厲履非其位上承於五
下據三陰履非其位又負且乘无業可安志无所據以斯爲進正之危也
進如鼫鼠无所守也○鼫音石子夏傳作碩鼠碩鼠五技鼠也本草螻蛄
一名鼫鼠象曰鼫鼠貞厲位不當也六五悔亡失得勿恤往吉
无不利柔得尊位陰爲明主能不用察不代下任也故雖不當位能
消其悔失得勿恤各有其司術斯以往无不利也○失如字
孟馬鄭虞王肅本作矢馬王云離爲矢虞云矢古誓字象曰失得勿恤往有慶也上九
晉其角維用伐邑厲吉无咎貞吝處進之極過明之中明將
夷焉已在乎角而猶進之非亢如何失夫道化无爲之事必須攻伐然後服邑
危乃得吉吉乃无咎用斯爲正亦以賤矣○夫音扶象曰維用伐
邑道未光也
䷣離下坤上明夷利艱貞彖曰明入地中明夷内文明而
外柔順以蒙大難文王以之利艱貞晦其明也内難而
能正其志箕子以之象曰明入地中明夷君子以莅衆

莅衆顯明蔽僞百姓者也故以蒙養正以明夷莅衆○明夷傷也坎宫遊魂卦以蒙大難乃旦反卦内同鄭云蒙猶遭也一云蒙冒也文王以之王肅云唯文王能用之鄭荀向作似之下亦然莅屨二反又徐祕反蔽僞本或作弊僞用晦而明藏明於内乃得明也顯明於外乃所辟也○辟音避下同初九明夷于飛垂其翼君子于行三日不食有攸往主人有言明夷之主在於上六上六爲至闇也初處卦之始最遠於難也遠難過甚明夷遠遯絕跡匿形不由軌路故曰明夷于飛懷懼而行行不敢顯故曰垂其翼也尚義而行故曰君子于行也志急于行飢不遑食故曰三日不食也殊類過甚以斯適人人必疑之故曰有攸往主人有言○遠袁万反下遠難同遯徒遜反匿女力反遑音皇象曰君子于行義不食也六二明夷夷于左股用拯馬壯吉夷于左股示行不能壯也以柔居中用夷其明進不殊類退不近難不見疑憚順以則也不垂其翼然後乃免也○拯拯救之拯注同說文云拳也鄭云承也子夏作抍字林云抍上舉音承示行示或作亦近附近之近下最近同憚但旦反然後而免也一本作然後乃獲免也象曰六二之吉順以則也順之以則故不見疑九三明夷于南狩得其大首不可疾貞處下體之上居文明之極上爲至晦入地之物也故夷其明以獲南狩得大首也南狩者發其明也既誅其主將正其民民之迷也其日固已久矣化宜以漸不可速正故曰不可疾貞○狩手又反本亦作守同象曰南狩之志乃大得

也云闇王也云羌呂反○六四入于左腹獲明夷之心于出門庭左者取其順也入于左腹得其心意故雖近不危雖時辟難門庭而已能不逆忤也○忤五故反象曰入于左腹獲心意也六五箕子之明夷利貞最近於晦與難爲比險莫如茲而在斯中猶闇不能沒明不可息正不憂危故利貞也○箕子之明夷蜀才箕作其劉向云今易箕子作荄滋鄒湛云訓箕爲荄詁子爲滋漫衍无經不可致詰以譏荀爽比毗志反象曰箕子之貞明不可息也上六不明晦初登于天後入于地處明夷之極是至晦者也本其初也在乎光照轉至于晦遂入于地象曰初登于天照四國也後入于地失則也

䷤離下巽上家人利女貞家人之義各自修一家之道不能知家外他人之事也統而論之非元亨利君子之貞故利女貞其正在家內而已○家人說文家居也案人所居稱家爾雅室內謂之家是也巽宮二世卦彖曰家人女正位乎內謂二也男正位乎外謂五也家人之義以內爲本故先說女也男女正天地之大義也家人有嚴君焉父母之謂也父父子子兄兄弟弟夫夫婦婦而家道正正家而天下定矣象曰風自火出

家人由内以相成熾也○熾尺志反君子以言有物而行有恒家人之道修於近小而不妄也故君子以言必有物而口无擇言行必有恒而身无擇行○行下孟反注皆同初九閑有家悔亡凡教在初而法在始家瀆而後嚴之志変而後治之則悔矣處家人之初為家人之始故宜必以閑有家然後悔亡也○閑馬云闌也防也鄭云習也象曰閑有家志未變也六二无攸遂在中饋貞吉居内处中履得其位以陰應陽盡婦人之正義无所必遂職乎中饋巽順而已是以貞吉也○饋巨愧反食也象曰六二之吉順以巽也九三家人嗃嗃悔厲吉婦子嘻嘻終吝以陽處陽剛嚴者也處下體之極為一家之長者也行與其慢寧過乎恭家與其瀆寧過乎嚴是以家人雖嗃嗃悔厲猶得其道婦子嘻嘻乃失其節也○嗃呼洛反又呼落反馬云悅樂自得皃鄭云苦熱之意荀作確確劉作熇熇嘻喜悲反馬云笑聲鄭云驕佚喜笑之意張作嬉嬉陸作喜喜喜丁丈反象曰家人嗃嗃未失也婦子嘻嘻失家節也六四富家大吉能以其富順而處位故大吉也若但能富其家何足為大吉體柔居巽履得其位明於家道以近至尊能富其家也○近附近之近象曰富家大吉順在位也九五王假有家勿恤吉假至也履正而應處尊體巽王至斯道以有其家者也居於尊位而明於家道則下莫不化矣父父子子兄兄弟弟夫夫婦婦六親和睦交相愛樂而家道正正家而天下定矣故

王假有家則勿恤而吉○假更白反注同鄭云登也徐古雅反馬云大也樂音洛　象曰王假有家交相愛也　上九有孚威如終吉　處家人之終居家道之成刑于寡妻以著于外者也故曰有孚凡物以猛爲本者則患在寡恩以愛爲本者則患在寡威故家人之道尚威嚴也家道可終唯信與威身得威敬人亦如之反之於身則知施於人也○著張慮反　象曰威如之吉反身之謂也

䷥ 兌下離上　睽小事吉　彖曰睽火動而上澤動而下二女同居其志不同行說而麗乎明柔進而上行得中而應乎剛是以小事吉　事皆相違害之道也何由得小事吉以有此三德也○睽苦圭反馬鄭王肅徐呂忱並音圭序卦云乖也雜卦云外也說文云目不相聽也艮宮四世卦上時掌反下同同行如字王肅遐孟反說音悅　天地睽而其事同也男女睽而其志通也萬物睽而其事類也睽之時用大矣哉　睽離之時非小人之所能用也　象曰上火下澤睽君子以同而異　同於通理異於職事　初九悔亡喪馬勿逐自復見惡人无咎　處睽之初居下體之下无應獨立悔也與四合志故得悔亡馬者必顯之物處物之始乖而喪其馬物莫能同其私必相顯也故勿逐而自復也時方乖離而位乎窮下

上无應可援下无權可恃顯德自異為惡所害故見惡人乃得免咎也○喪息浪反注同復音服注同必顯一本作必類下相顯亦然援于眷反下又音袁得援同 象曰見惡人以辟咎也九二遇主于巷无咎 處睽失位將无所安然五亦失位俱求其黨出門同趣不期而遇故曰遇主于巷也處睽得援雖失其位未失道也○辟音避巷户絳反說文云里中道也廣雅云居也字書作衖 象曰遇主于巷未失道也六三見輿曳其牛掣其人天且劓无初有終 凡物近而不相得則凶處睽之時履非其位以陰居陽以柔乘剛志在於上而不和於四二應於五則近而不相比故見輿曳輿曳者履非其位失所載也其牛掣者滯隔所在不獲進也其人天且劓者四從上取二從下取而應在上九執志不回初雖受困終獲剛助○曳以制反掣昌逝反鄭作㸷云牛角皆踊曰㸷徐市制反說文作觢之世反云角一俯一仰子夏作契傳云一角仰也荀作觭劉本從說文解依鄭天剠也馬云剠鑿其額曰天劓魚器反截鼻也王肅作臲鼿魚一反比毗志反下同 象曰見輿曳位不當也无初有終遇剛也九四睽孤遇元夫交孚厲无咎 无應獨處五自應二三與已睽故曰睽孤也初亦无應特立處睽之時俱在獨立同處體下同志者也而已失位比於三五皆與已乖處无所安故求其疇類而自託焉故曰遇元夫也同志相得而无疑焉故曰交孚也雖在乖隔志故得行故雖危无咎○夫如字 象曰交孚无咎志行也六五悔亡厥宗噬膚往何咎 非位悔也

有應故亡厥宗謂二也噬膚者齧柔也三雖比二二之所噬非防已應者也以斯而往何咎之有往必合也○噬市制反象曰厥宗噬膚往有慶也上九睽孤見豕負塗載鬼一車先張之弧後說之弧匪寇婚媾往遇雨則吉處睽之極睽道未通故曰睽孤已居炎極三處澤盛睽之極也以文明之極而觀至穢之物睽之甚也豕而負塗穢莫過焉至睽將合至殊將通恢詭譎怪道將為一未至於合先見殊怪故見豕負塗甚可穢也見鬼盈車吁可怪也先張之弧將攻害也後說之弧睽怪通也四剠其應故為寇也睽志將通匪寇婚媾往不失時睽疑亡也貴於遇雨和陰陽也陰陽既和羣疑亡也○弧音胡弓也後說之弧說吐活反注同亡音始銳反弧本亦作壺王肅作壺媾古豆反恢苦回反大也詭久委反異也矣也譎古穴反本亦作決詐也乖也吁況于反剠其京反說文或作黥字象曰遇雨之吉群疑亡也

䷦艮下坎上蹇利西南不利東北西南地也東北山也以難之平則難解以難之山則道窮○蹇紀免反彖及序卦皆云難也王肅徐紀偃反兌宮四世卦難乃旦反卦內及解卦皆同解音蟹上六注同利見大人往則濟也貞吉爻皆當位各履其正居難履正正邦之道也正道未否難由正濟故貞吉也遇難失正吉可得乎○否備鄙反彖曰蹇難也險在前也見險而能止知矣哉蹇利西南往得中也不利東北其道窮也利見大人往有功也當位貞吉

以正邦也蹇之時用大矣哉蹇難之時非小人之所能用也○知音智初六注同中如字鄭云和也又張仲反王肅云中適也解卦彖同正邦荀陸本作正國爲漢朝諱象曰山上有水蹇山上有水蹇難之象君子以反身脩德除難莫若反身脩德初六往蹇來譽處難之始居止之初獨見前識覩險而止以待其時知矣哉故往則遇蹇來則得譽象曰往蹇來譽宜待也六二王臣蹇蹇匪躬之故處難之時履當其位居未失中以應於五不以五在難中私身遠害執心不回志匡王室者也故曰王臣蹇蹇匪躬之故履中行義以存其上處蹇以此未見其尤也○宜待也張本作宜時也鄭本宜待時也遠袁万反象曰王臣蹇蹇終无尤也九三往蹇來反進則入險來則得位故曰往蹇來反爲下卦之主是內之所恃也象曰往蹇來反內喜之也六四往蹇來連往則无應來則乘剛往來皆難故曰往蹇來連得位履正當其本實雖遇於難非妄所招也○喜如字徐許意反猶好也連力善反馬云亦難也鄭如字遲久之意象曰往蹇來連當位實也九五大蹇朋來處難之時獨在險中難之大者也故曰大蹇然居不失正履不失中執德之長不改其節如此則同志者集而至矣故曰朋來也○長直良反象曰大蹇朋來以中節也上六往蹇來碩吉利見大人往則長難來則難終難終則衆難皆濟志大得矣故曰往

蹇○來碩吉險夷難解大道可興故曰利見大人也○長丁丈反象曰往蹇來碩志在内也有應在内

往之則失來則志獲志在内也利見大人以從貴也

☳☵坎下震上解利西南西南衆也解難濟險利施於衆也亦不困于東北故不言不利東北也○解音蟹序卦云緩也

震宮二世卦无所往其來復吉有攸往夙吉未有善於解難而迷於處安也解之爲義

解難而濟厄者也无難可往以解來復則不失中有難而往則以速爲吉也无難則能復其中有難則能濟其厄也○解之爲義音蟹下以解來復

同厄或作危彖曰解險以動動而免乎險解動乎險外故謂之免免險則解故謂之解

○解音蟹自此盡初六注皆同解利西南往得衆也其來復吉乃得中也有

攸往夙吉往有功也天地解而雷雨作雷雨作而百果

草木皆甲坼天地否結則雷雨不作交通感散雷雨乃作也雷雨之作則險厄者亨否結者散故百果草木皆甲坼也○坼

勑宅反說文云裂也廣雅云分也馬陸作宅云根也否備鄙反亨許庚反解之時大矣哉无所而不釋也難解之時非治難時

故不言用體盡於解之名无有幽隱故不曰義象曰雷雨作解君子以赦過宥罪初

六无咎解者解也屯難盤結於是乎解也處蹇難始解之初在剛柔始散之際將赦罪厄以夷其險處此之時不煩於位而无咎也○

宥音又京作尤盤步丹反象曰剛柔之際義无咎也或有過咎非其理也義猶理也○或有過咎非
其理也一本无此入字過或作遇九二田獲三狐得黄矢貞吉狐者隱伏之物也剛中而應爲
五所任處於險中知險之情以斯解物能獲隱伏也故曰田獲三狐得黄理中之稱也矢直也田而獲三狐得乎理中之道不失枉直之實能全其
正者也故曰田獲三狐得黄矢貞吉也○任而鳩反解佳買反稱尺證反枉紆往反象曰九二貞吉得中道
也六三負且乘致寇至貞吝處非其位履非其正以附於四用夫柔邪以自媚者也乘二負四以
容其身寇之來也自己所致雖幸而免正之所賤也○乘如字王肅繩證反邪似嗟反象曰負且乘亦可醜
也自我致戎又誰咎也九四解而拇朋至斯孚失位不正而比於三
故三得附之爲其拇也三爲之拇則失初之應故解其拇然後朋至而信矣○自我致戎本又作致寇解佳買反注同拇茂后反陸云足大指王肅
云手大指荀作母比毗志反象曰解而拇未當位也六五君子維有解
吉有孚于小人居尊履中而應乎剛可以有解而獲吉矣以君子之道解難釋險小人雖闇猶知服之而无怨矣故
曰有孚于小人也○維有解音蟹注有解及象并下注爲解之極同解佳買反象曰君子有解小人退也
上六公用射隼于高墉之上獲之无不利初爲四應二爲五應三不應上失位

負乘處下體之上故曰高墉墉非隼之所處高非三之所履上六居動之上爲解之極將解荒悖而除穢亂者也故用射之極而後動成而後舉故必獲之而无不利也○射食亦反注下同隼荀尹反毛詩草木鳥獸䟽云鷂墉音容馬云城也解佳買反悖布内反象同 象曰 公用射隼以解悖也○解佳買反

䷨兌下艮上 損有孚元吉无咎可貞利有攸往曷之用二簋可用享彖曰損損下益上其道上行艮爲陽兌爲陰凡陰順於陽者也陽止於上陰説而順損下益上上行之義也○損孫本反虧減之義也又訓失序卦云緩必有所失是也艮宫三世卦曷何葛反簋蜀才作軌亨香兩反下同蜀才許庚反上行時掌反凡上行皆同説音悦 損而有孚元吉无咎可貞利有攸往損之爲道損下益上損剛益柔也損下益上非補不足也損剛益柔非長君子之道也爲損而可以獲吉其惟有孚乎損而有孚則元吉无咎而可正利有攸往矣損剛益柔不以消剛損下益上不以盈上損剛而不爲邪益上而不爲諂則何咎而可正雖不能拯濟大難以斯有往物无距也○長丁丈反下德長遂長同邪似嗟反拯拯救之拯難乃旦反 曷之用曷辭也曷之用言何用豊爲也 二簋可用享二簋質薄之器也行損以信雖二簋而可用享 二簋應有時至約之道不可常也○應師如字舊應對之應 損剛益柔有時下不敢剛貴於上行損剛益柔之謂也剛爲德長損之不可以爲常也 損益

盈虛與時偕行自然之質各定其分短者不爲不足長者不爲有餘損益將何加焉非道之常故必與時偕行也○偕音皆分扶問反

象曰山下有澤損山下有澤損之象也君子以懲忿窒欲可損之善莫善忿慾也○懲直升反止也鄭云猶清也劉作徵云清也蜀才作澄忿芳粉反窒珍栗反徐得悉反鄭劉作懫懫止也孟作恎陸作䜴欲如字孟作浴

初九已事遄往无咎酌損之損之爲道損下益上損剛益柔以應其時者也居於下極損剛奉柔則不可以逸處損之始則不可以盈事已則往不敢宴安乃獲无咎也剛以奉柔雖免乎咎猶未親也故既獲无咎復自酌損乃得合志也遄速也○已音以本亦作以虞作祀遄市專反荀作顓復扶又反九二注同

象曰已事遄往尚合志也尚合於志故速往也

九二利貞征凶弗損益之柔不可全益剛不可全削下不可以无正初九已損剛以順柔九二履中而復損已以益柔則剝道成焉故不可遄往而利貞也進之乎柔則凶矣故曰征凶也故九二不損而務益以中爲志也

象曰九二利貞中以爲志也

六三三人行則損一人一人行則得其友損之爲道損上益下其道上行三人謂自六三已上三陰也三陰並行以承於上則上失其友內无其主名之曰益其實乃損故天地相應乃得化淳男女匹配乃得化生陰陽不對生可得乎故六三獨行乃得其友三陰俱行則必有疑矣○上時掌反淳尚春反

象曰一人行三則疑也

六四損其疾使遄有喜无咎履得其位以柔

以剛能損其疾也疾何可久故速乃有喜損疾以離其咎有喜乃免故使速乃有喜有喜乃无咎也○離力智反 象曰損其疾亦可喜也 六五或益之十朋之龜弗克違元吉 以柔居尊而爲損道江海處下百谷歸之履尊以損則或益之矣朋黨也龜者決疑之物也陰非先唱柔非自任尊以自居損以守之故人用其力事竭其功知者慮能明者慮策弗能違也則衆才之用盡矣獲益而得十朋之龜足以盡天人之助也○知音智盡津忍反 象曰六五元吉自上祐也 上九弗損益之无咎貞吉利有攸往得臣无家 處損之終上无所奉損終反益剛德不損乃反益之而不憂於咎用正而吉不制於柔剛德遂長故曰弗損益之无咎貞吉利有攸往也居上乘柔處損之極尚夫剛德爲物所歸故曰得臣得臣則天下爲一故无家也○祐音又本亦作佑不制一作下制長丁丈反夫音符

象曰弗損益之大得志也

䷩ 震下巽上 益利有攸往利涉大川彖曰益損上益下民說无疆 震陽也巽陰也巽非違震者也處上而巽不違於下損上益下之謂也○益增長之名又以弘裕爲義繫辭云益長裕而不設是也 巽宮三世卦說音悅疆居良反下同 自上下下其道大光利有攸往中正有慶 五處中正自上下下故有慶也以中正有慶之德有攸往也何適而不利哉○下下上遐嫁反下如字注同 利涉大

川木道乃行木者以涉大川爲常而不溺者也以益涉難同乎木也○難乃旦反下同益動而巽日
進无疆天施地生其益无方損上益下○施始豉反凡益之道與時
偕行益之爲用施未足也滿而益之害之道也故凡益之道與時偕行也象曰風雷益君子以
見善則遷有過則改遷善改過益莫大焉初九利用爲大作元吉
无咎處益之初居動之始體夫剛德以莅其事而之乎巽以斯大作必獲大功夫居下非厚事之地在卑非任重之處大作非小功所濟
故元吉乃得无咎也○處昌呂反下其処同象曰元吉无咎下不厚事也時可以大作而下不可以
厚事得其時而无其處故元吉乃得无咎也六二或益之十朋之龜弗克違永貞
吉王用享于帝吉以柔居中而得其位處內履中居益以中益自外來不召自至不先不爲則朋龜獻策同於損
卦六五之位位不當尊故吉在永貞也帝者生物之主興益之宗出震而齊巽者也六二居益之中體柔當位而應於巽享帝之美在此時者也○
享香兩反注同王廙許庚反象曰或益之自外來也六三益之用凶事无
咎有孚中行告公用圭以陰居陽求益者也故曰益之益不外來已自爲之物所不與故在謙則戮救凶則
免以陰居陽處下卦之上壯之甚也用救衰危物所恃也故用凶事乃得无咎也若能益不爲私志在救難壯不至亢不失中行以此告公國主所

任也用圭之礼備此道矣故曰有孚中行告公用圭也公者臣之極也凡事足以施天下則稱王次天下之大者則稱公六三之才不足以告王足以告公而得用圭也故曰中行告公用圭也○用圭王肅作用桓圭不爲于僞反 象曰益用凶事固有之也 用施凶事乃得固有之也 六四中行告公從利用爲依遷國 居益之時處巽之始體柔當位在上應下卑不窮下高不處元位雖不中用中行者也以斯告公何有不從以斯依遷誰有不納也○不處本或作不屆 象曰告公從以益志也 志得益也 九五有孚惠心勿問元吉有孚惠我德 得位履尊爲益之主者也爲益之大莫大於信爲惠之大莫大於心因民所利而利之焉惠而不費惠心者也信以惠心盡物之願故不待問而元吉有孚惠我德也以誠惠物物亦應之故曰有孚惠我德也○費芳貴反盡津忍反 象曰有孚惠心勿問之矣惠我德大得志也 上九莫益之或擊之立心勿恒凶 處益之極過盈者也求益无已心无恒者也无厭之求人弗與也獨唱莫和是偏辭也人道惡盈怨者非一故曰或擊之也○厭於豔反和胡卧反惡烏路反偏音篇孟作徧云周匝也 象曰莫益之偏辭也或擊之自外來也

周易卷第四

周易下經夬傳第五　　王弼注

䷪乾下兌上夬揚于王庭孚號有厲告自邑不利即戎利有攸往夬與剝反者也剝以柔變剛至於剛幾盡夬以剛決柔如剝之消剛剛隕則君子道消柔消則小人道隕君子道消則剛正之德不可得直道而用刑罰之威不可得坦然而行揚于王庭其道公也○夬古快反坤宮五世卦幾音近坦他但反彖曰夬決也剛決柔也健而說決而和健而說則決而和矣○決徐古穴反說音悅注皆同揚于王庭柔乘五剛也剛德齊長一柔為逆衆所同誅而无忌者也故可揚于王庭○長丁丈反徐上六象注同孚號有厲其危乃光也剛正明信以宣其令則柔邪者危故曰其危乃光也○邪似嗟反告自邑不利即戎所尚乃窮也以剛斷制告令可也告自邑謂行令於邑也用剛即戎尚力取勝也尚力取勝物所同疾也○斷丁亂反注同利有攸往剛長乃終也剛德愈長柔邪愈消故利有攸往道乃成也象曰澤上於天夬君子以施祿及下居德則忌澤上於天夬之象也澤上於天必來下潤施祿及下之義也夬者明法而決斷之象也忌禁也法明斷嚴不可以慢故居德以明禁也施而能嚴嚴而能施健而能說決而能和美之道也○上時掌反注同施始豉反注同初九壯于前趾往不勝為咎居健之初為決之始宜審其策以行其事

壯其前趾往而不勝宜其咎也○壯側亮反趾荀作止象曰不勝而往咎也不勝之理在往前也九二
惕號莫夜有戎勿恤居健履中以斯決事能審已度而不疑者也故雖有惕懼號呼莫夜有戎不憂不惑故勿
恤也○惕勑歷反荀翟作錫云賜也號戶羔反注及下同鄭王廙音号莫音暮注同鄭如字云无也无夜非一夜呼火故反象曰有
戎勿恤得中道也九三壯于頄有凶君子夬夬獨行遇
雨若濡有慍无咎頄面權也謂上六也最處體上故曰權也剝之六三以應陽為善夫剛長則君子道興陰盛則
小人道長然則處陰長而助陽則善處剛長而助柔則凶矣夬為剛長而三獨應上六助於小人是以凶也君子處之必能棄夫情累決之不疑故
曰夬夬也若不與衆陽為群而獨行殊志應於小人則受其困焉遇雨若濡有恨而无所咎也○頄求龜反顴也又音求又丘倫反翟云面顴頰間
骨也鄭作頯頯夾面也王肅音龜江氏音琴威反蜀才作仇濡而朱反慍紆運反恨也舊於問反權如字字書作顴棄夫夫作去羌呂反累劣累反
象曰君子夬夬終无咎也九四臀无膚其行次且牽羊
悔亡聞言不信下剛而進非已所據必見侵食失其所安故臀无膚其行次且也羊者抵很難移之物謂五也五為夬主
非下所侵若牽於五則可得悔亡而已剛亢不能納言自任所處聞言不信以斯而行凶可知矣○臀徒敦反次本亦作赼或作趑說文及鄭作
趀同七私反注下同馬云卻行不前也說文倉卒也下卦放此且本亦作趄或作跙同七餘反注及下同馬云語助也王肅云赼趄行止之礙

迆下卦放此牽若年反子夏作掔抵丁礼反本又作抵音同或作羝丁帝反很胡懇反象曰其行次且位不當也聞言不信聰不明也同於噬嗑滅耳之凶九五莧陸夬夬中行无咎莧陸草之柔脆者也決之至易故曰夬夬也夬之為義剛決柔以君子除小人者也而五處尊位最比小人躬自決者也以至尊而敵至賤雖其克勝未足多也处中而行足以免咎而已未足光也○莧閑辨反三家音胡練反一本作莞華板反陸如字馬鄭云莧陸商陸也宋衷云莧莧菜也陸當陸也虞云莧蕢也陸商也蜀才作睦睦親也通也脆七歲反易以豉反比毗志反象曰中行无咎中未光也上六无號終有凶處夬之極小人在上君子道長衆所共棄故非號咷所能延也○咷徒刀反象曰无號之凶終不可長也

䷫巽下乾上姤女壯勿用取女彖曰姤遇也柔遇剛也施之於人即女遇男也一女而遇五男為壯至甚故不可取也○姤古豆反薛云古文作遘鄭同亭卦及彖皆云遇也乾宮一世卦娶七喻反本亦作取音同注及下同勿用取女不可與長也天地相遇品物咸章也正乃功成也○正如字正亦作四剛遇中正天下大行也化乃大行也姤之時義大矣哉凡言義者不盡於所見中有意謂者也象曰天下有風姤后以施命誥四

方初六繫于金柅貞吉有攸往見凶羸豕孚蹢躅金者堅剛之物柅者制動之主謂九四也初六処遇之始以一柔而乗五剛躰夫躁質得遇而通散而无主自縱者也柔之爲物不可以不牽臣妾之道不可以不貞故必繫于正應乃得貞吉也若不牽于一而有攸往行則唯凶是見矣羸豕謂牝豕也群豕之中豭強而牝弱故謂之羸豕也孚猶務躁也夫陰質而躁恣者羸豕特甚焉言以不貞之陰失其所牽其爲淫醜若羸豕之孚務蹢躅也○誥李古報反鄭作詰起一反正也王肅同柅徐乃履反又女紀反廣雅云止也說文作檷云絡絲趺也讀若昵字林音乃米反王肅作抳從手子夏作鑈蜀才作尼止也羸劣隨反王肅同鄭力追反陸讀爲累蹢直戟反徐治益反一本作躑古文作蹢躅直録反本又作蹻蹻躅不靜也古文作𨄔牝頻忍反豭音家象曰繫于金柅柔道牽也九二包有魚无咎不利賓初陰而窮下故稱魚不正之陰処遇之始不能逆近者也初自樂來應己之厨非爲犯奪故无咎也擅人之物以爲己惠義所不爲故不利賓也○包有本亦作庖同白交反下同鄭百交反虞云白茅苞之裔作胞利賓如字擅市戰反象曰包有魚義不及賓也九三臀无膚其行次且厲无咎処下躰之極而二據於初不爲己乗居不獲安行无其應不能牽據以固所処故曰臀无膚其行次且也然獲得其位非爲妄処不遇其時故使危厲災非己招是以无大咎象曰其行次且行未牽也九四包无魚起凶二有其魚故失之也无民而動失應而作是以凶者也象曰无魚

之凶遠民也九五以杞包瓜含章有隕自天杞之爲物生於肥地者也
包瓜爲物繫而不食者也九五履得尊位而不遇其應得地而不食含章而未發不遇其應命未流行然而得其所𩈒剛居中志不舍命不可傾隕
故曰有隕自天也○遠袁万反杞音起張云苟杞馬云大木也鄭云柳也薛云柳柔肕木也並同包白交反子夏作苞馬鄭百交反瓜工花反象
曰九五含章中正也有隕自天志不舍命也上九姤其
角吝无咎進之於極无所復遇遇角而已故曰姤其角也進而无遇獨恨而已不與物爭其道不害故无凶咎也○舍音捨下
同復扶又反爭爭鬭之爭下卦同象曰姤其角上窮吝也
䷬坤下兌上萃亨聚乃通也○萃在季反兌宮二世卦亨王肅本同馬鄭陸虞等並无此字王假有廟
假至也王以聚至有廟也○假更白反利見大人亨利貞聚得大人乃得通而利正也用大牲
吉全夫聚道用大牲乃吉也聚道不全而用大牲神不福也利有攸往彖曰萃聚也順以
說剛中而應故聚也但順而說則邪佞之道也剛而違於中應則強亢之德也何由得聚順說而以剛爲
主主剛而履中履中以應故得聚也○說音悅下注皆同邪似嗟反王假有廟致孝享也全聚乃得致孝之享
也○享香兩反利見大人亨聚以正也大人躰中正者也通聚以正聚乃得全也○聚荀作取用

大牲吉利有攸往順天命也 順以說而不損剛順天命者也天德剛而不違中順天則說而以剛爲主也 觀其所聚而天地萬物之情可見矣 方以類聚物以群分情同而後乃聚氣合而後乃群 象曰澤上於地萃君子以除戎器戒不虞 聚而无防則衆生心○上時掌反除如字本亦作儲又作治王肅姚陸云除猶脩治師同鄭云除去也蜀才云除去戎器脩行文德也脩作慮 初六有孚不終乃亂乃萃若號一握爲笑勿恤往无咎 有應在四而三承之心懷嫌疑故有孚不終也不能守道以結至好迷務競爭故乃亂乃萃也一握者小之貌也爲笑者懦劣之貌也己爲正配三以近寵若安夫甲退謙以自牧則勿恤而往无咎也○號户報反馬鄭王肅王廙并户羔反握烏學反傅氏作渥鄭云握當讀爲夫三爲屋之屋蜀才同好呼報反懦乃亂反正本亦作匹妃音配 象曰乃亂乃萃其志亂也六二引吉无咎孚乃利用禴 居萃之時體柔當位處坤之中己獨處正與衆相殊異操而聚民之多僻獨正者危未能變體以遠於害故必見引然後乃吉而无咎也禴殷春祭名也四時祭之省者也居聚之時處於中正而行以忠信故可以省薄薦於鬼神也○禴羊略反馬王肅同鄭云夏祭名蜀才作躍劉作爚僻匹亦反遠袁万反省生領反下同 象曰引吉无咎中未變也六三萃如嗟如无攸利往无咎小吝 履非其位以比於四四亦失位不正相聚

相聚不正，患所生也。干人之應，害所起也。故萃如嗟如无攸利也。上六亦无應而獨立，處極而憂危，思援而求朋，巽以待物者也。与其萃於不正，不若之於同志，故可以往而无咎也。二陰相合，猶不若一陰一陽之至，故有小吝也。○比，毗志反。象曰往无咎上巽也九四大吉无咎履非其位而下據三陰，得其所據，失其所處。處聚之時，不正而據，故必大吉，立夫大功，然後无咎也。象曰大吉无咎位不當也九五萃有位无咎匪孚元永貞悔亡處聚之時，最得盛位，故曰萃有位也。四專而據，己德不行，自守而已，故曰无咎匪孚。夫脩仁守正，久必悔消，故曰元永貞悔亡。象曰萃有位志未光也上六齎咨涕洟无咎處聚之時，居於上極，五非所乘，內无應援，處上獨立，近遠无助，危莫甚焉。齎咨，嗟歎之辭也。若能知危之至，懼禍之深，憂病之甚，至于涕洟，不敢自安，亦衆所不害，故得无咎也。○未光也，一本作志未光也。齎，徐將池反，王肅將啼反。咨音諮，又將利反，鄭同。馬云：悲聲、怨聲。涕，徐音躰。洟，池麗反，又音夷。鄭云：自目曰涕，自鼻曰洟。象曰齎咨涕洟未安上也

䷭巽下坤上升元亨用見大人勿恤巽順可以升，陽爻不當尊位，无嚴剛之正，則未免於憂，故用見大人乃勿恤也。○升，式陵反。序卦云：上也。上，時掌反。鄭本作昇。馬云：高也。震宮四世卦。用見，本或作利見。南征吉以柔之南，則麗乎大明也。彖曰柔以時升柔以其時，乃得升也。巽而順剛中而應是

以大亨純柔則不能自升剛亢則物不從旣以時升又巽而順剛中而應以此而升故得大亨用見大人
勿恤有慶也南征吉志行也巽順以升至于大明志行之謂也象曰地
中生木升君子以順德積小以高大初六允升大吉
允當也巽卦三爻皆升者也雖无其應處升之初与九二九三合志俱升當升之時升必大得是以大吉○順德如字王肅同又順作慎師同
姚本德作得以高大本或作以成高大當如字下同象曰允升大吉上合志也九二孚
乃利用禴无咎与五爲應往必見任體夫剛德進不求寵閑邪存誠志在大業故乃利用納約于神明矣○邪似嗟
反象曰九二之孚有喜也九三升虛邑履得其位以陽升陰以斯而舉莫之違距
故若升虛邑也○虛如字空也徐去餘反馬云丘也象曰升虛邑无所疑也往必得也六四
王用亨于岐山吉无咎處升之際下升而進可納而不可距也距下之進攘來自專則殃咎至焉若能不距
而納順物之情以通庶志則得吉而无咎矣岐山之會順事之情无不納也○亨許庚反通也馬鄭陸王肅許兩反馬云祭也鄭云獻也岐其宜反
或祈支反攘如羊反象曰王用亨于岐山順事也六五貞吉升階升得
尊位體柔而應納而不距征而不專故得貞吉升階而尊也象曰貞吉升階大得志也

上六冥升利于不息之貞処升之極進而不息者也進而不息故雖冥猶升也故施於不息之正則可用於為物之主則喪矣終於不息消之道也○冥亡覓經反闇昧之義也注同又云日冥也喪息浪反象曰冥升在上消不富也勞力又可以也

䷮坎下兌上困亨窮必通也処窮而不能自通者小人也○困窮悴掩蔽之義故彖云剛掩也廣雅云困悴也兌宮一世卦貞大人吉无咎処困而得无咎吉乃免也有言不信彖曰困剛揜也剛見揜於柔也○揜本又作掩於檢反李於範反虞作弇險以說困而不失其所亨処險而不改其說困而不失其所亨也○說音悅卦內同其唯君子乎貞大人吉以剛中也処困而用剛不失其中履正而能體大者也能正而不能大濟未能濟困者也故曰貞大人吉也有言不信尚口乃窮也処困而言不見信之時也非行言之時而欲用言以免必窮者也其吉在於貞大人口何為乎象曰澤无水困君子以致命遂志澤无水則水在澤下水在澤下困之象也処困而屈其志者小人也君子固窮道可忘乎○固窮如字或作困窮非初六臀困于株木入于幽谷三歲不覿最処底下沉滯卑困居无所安故曰臀困于株木也欲之其應二隔其路居則困于株木進不獲拯必隱遯者也故曰入于幽谷也困之為道不過數歲者也以困而藏

困解乃出故曰三歲不覿〇臀徒敦反株張禹反又徐古木反覿大歷反見也征同拯拯救之拯遯徒困反數歲色柱反本亦作三歲解音蟹象

曰入于幽谷幽不明也言幽者不明之辭也入于不明以自藏也九二困于酒食

朱紱方來利用享祀征凶无咎以陽居陰尚謙者也居困之時處得其中體夫剛質而用中履謙

謙應不在一心无所私盛莫先焉夫謙以待物物之所歸剛以處險難之所濟履中則不失其宜无應則心无私恃以斯處困物莫不至不勝豐衍

故曰困于酒食美之至矣坎北方之卦也朱紱南方之物也處困以斯能招異方者也故曰朱紱方來也豐衍盈盛故利用享祀盈而又進傾之道

也以此而征凶誰咎乎故曰征凶无咎〇紱音弗下同享許兩反又征同難乃旦反勝音升衍延善反象曰困于酒食中

有慶也六三困于石據于蒺蔾入于其宮不見其妻

凶石之為物堅而不納者也謂四也三以陰居陽志武者也四自納初不受己者二非所據剛非所乘上比困石下據蒺蔾无應而入焉得配耦

在困處斯凶其宜也〇蒺音疾蔾音梨蒺蔾茨草比毗志反焉於虔反象曰據于蒺蔾乘剛也

入于其宮不見其妻不祥也九四來徐徐困于金車吝

有終金車謂二也二剛以載者也故謂之金車徐徐者疑懼之辭也志在於初而隔於二履不當位威命不行棄之則不能欲往則畏二

故曰來徐徐困于金車也有應而不能濟之故曰吝也然以陽居陰履謙之道量力而處不與二爭雖不當位物終与之故曰有終也〇徐徐馬云

安行貌子夏作荼荼𨕣同荼音圖云内不定之意王肅作余余車亦作輿象曰來徐徐志在下也下謂初也

雖不當位有與也九五劓刖困于赤紱乃徐有說利用祭祀以陽居陽任其壯者也不能以謙致物物則不附忿物不附而用其壯猛行其威刑異方愈乖遐邇愈叛刑之欲以得乃益所以失也故曰劓刖困于赤紱也二以謙得之五以剛失之躰在中直能不遂迷困而後能用其道者也致物之功不在於暴故曰徐也困而後乃徐徐則有說矣故曰困于赤紱乃徐有說也祭祀所以受福也履夫尊位困而能改不遂其迷以斯祭祀必得福焉故曰利用祭祀也○劓魚器反刖五刮反又音月荀本劓刖作臲卼云不安貌陸同鄭云劓刖當爲倪伉京作劓劊案說文劊断也祭祀本亦作享祀遐邇本亦作遐遠象曰

劓刖志未得也乃徐有說以中直也利用祭祀受福也

上六困于葛藟于臲卼曰動悔有悔征吉居困之極而乘於剛下无其應行則愈繞者也行則纏繞居不獲安故曰困于葛藟于臲卼也下句无困困於上也处困之極行无通路居无所安困之至也凡物窮則思变困則謀通处至困之地用謀之時也曰者思謀之辞也謀之所行有隙則獲言將何以通至困乎曰動悔令生有悔以征則濟矣故曰動悔有悔征吉也○藟力軌反以爲之草本又作虆毛詩草木疏云一名巨荒似蘡薁連蔓而生幽州人謂之推藟虆臲五結反王肅妍喆反說文作劓牛列反辥同卼五骨反又音月說文作𡰶云𡰶不安也辥又作𢧵字同曰動悔音越向云言其無不然令力呈反象曰困于葛藟未

當也所処未當故致此困也動悔有悔吉行也

䷯巽下坎上井改邑不改井井以不變爲德者也○井精領反雜卦云通也彖云養而不窮周書云黄帝穿井世本云化益作井宋衷云化益伯益也堯臣廣雅云井深也鄭云井法也字林作井子挺反周云井以不變更爲義師說井以清絜爲義震宫五世卦无喪无得德有常也○喪息浪反往來井井不渝變也汔至亦未繘井已來至而未出井也○汔徐許訖反注同幾也王肅音其乞反繘音橘徐又居密反鄭云綆也方言云關西謂綆爲繘郭璞云汲水索也又其律反又音述羸其瓶凶井道以已出爲功也幾至而覆與未汲同也○羸律悲反徐力追反下同蜀才作累鄭讀曰虆瓶白經反幾音祈或音機覆芳福反彖曰巽乎水而上水井音奉上之上○上時掌反注及下注上水皆同井養而不窮也改邑不改井乃以剛中也以剛処中故能定居其所而不變也○養如字徐以上切汔至亦未繘井未有功也井以已成爲功羸其瓶是以凶也象曰木上有水井君子以勞民勸相木上有水井之象也上水以養養而不窮者也相猶助也可以勞民勸助莫若養而不窮也○上如字師又時掌反勞力報反注同相息亮反注同王肅如字初六井泥不食舊井无禽最在井底上又无應沈滯滓穢故曰井泥不食也井泥而不可食則是久井不見渫治者也久井不見渫治禽

所不嚮而况人乎一時所共棄舍也井者不變之物居德之地恒德至賤无取也○泥乃計反注及下同渫側里反嚮許亮反舍音捨下文同象曰井泥不食下也舊井无禽時舍也九二井谷射鮒甕敝漏谿谷出水從上注下水常射焉井之爲道以下給上者也而无應於上反下與初故曰井谷射鮒鮒謂初也失井之道水不上出而反下注故曰甕敝漏也夫處上宜下處下宜上井已下矣而復下注其道不交則莫之與也○谷古木反又音浴射食亦反注同徐食夜反鄭王肅皆音亦云厭也荀作耶鮒音附魚名也子夏傳謂蝦蟇甕烏弄反李於鍾反鄭作甕甕云停水器也說文作罋汲瓶也敝婢世反王肅徐扶滅反谿口啼反注章喻反下同復扶又反與之也一本作則莫與之也象曰井谷射鮒无與也九三井渫不食爲我心惻可用汲王明並受其福渫不停汚之謂也處下卦之上而復得其位而應於上得井之義也當井之義而不見食修己全潔而不見用故爲我心惻也爲猶使也不下注而應上故可用汲也王明則見照明既嘉其行又欽其用故曰王明並受其福也○渫息列反徐又食列反黃云治也惻初力反說文云痛也汲音急汙音烏行下孟反象并注皆同象曰井渫不食行惻也行感於誠故曰惻也求王明受福也六四井甃无咎得位而无應自守而不能給上可以修井之壞補過而已○甃側舊反馬云爲瓦裏下達上也子夏傳云修治也干云以甎壘井曰甃字林云井壁也象曰井甃无咎修井也九五井洌寒泉食

洌絜也居中得位體剛不撓不食不義中正高絜故井洌寒泉然後乃食也○洌音列說文云水清也王肅音例撓乃孝反食如字又音嗣

象曰寒泉之食中正也

上六井收勿幕有孚元吉處井上極水已出井井功大成在此爻矣故曰井收也羣下仰之以濟淵泉由之以通者也幕猶覆也不擅其有不私其利則物歸之往无窮矣故曰勿幕有孚元吉也○收徐詩救反文如字馬云汲也陸云井幹也𠛱作甃幕音莫干本勿作网

象曰元吉在上大成也

䷰離下兌上革已日乃孚元亨利貞悔亡夫民可與習常難與適變可與樂成難與慮始故革之為道即日不孚已日乃孚也孚然後乃得元亨利貞悔亡也已日而不孚革不當也悔吝之所生生乎變動者也革而當其悔乃亡也○革馬鄭云改也坎宮四世卦樂音洛上六注同

彖曰革水火相息二女同居其志不相得曰革凡不合而後乃變生變之所生生於不合者也故取不合之象以為革也息者生變之謂也火欲上而澤欲下水火相戰而後生變者也二女同居而有水火之性近而不相得也○息如字馬云滅也李斐注漢書同說文作熄上時掌反

已日乃孚革而信之文明以說大亨以正革而當其悔乃亡夫所以得革而信者文明以說也文明以說履正而行以斯為革應天順民大亨以正者也革而大亨以正非當如何○革而信之一本无之字說音悅注同

天地革而四時成湯武革命順乎天而應乎人革之時

大矣哉象曰澤中有火革君子以治歷明時歷數時會存乎變也初九鞏用黄牛之革在革之始革道未成固夫常中未能應變者也此可以守成不可以有爲也鞏固也黄中也牛之革堅仞不可變也固之所用常中堅仞不肯變也○鞏九勇反仞仁震反象曰鞏用黄牛不可以有爲也六二巳日乃革之征吉无咎陰之爲物不能先唱順從者也不能自革革巳乃能從之故曰巳日乃革之也二与五雖有水火殊體之異同處厥中陰陽相應往必合志不憂咎也是以征吉而无咎象曰巳日革之行有嘉也九三征凶貞厲革言三就有孚巳處火極上卦三爻雖體水性皆從革者也自四至上從命而變不敢有違故曰革言三就其言實誠故曰有孚革言三就有孚而猶征之凶其宜也○行如字又下孟反象曰革言三就又何之矣九四悔亡有孚改命吉初九處下卦之下九四處上卦之下故能變也无應悔也与水火相比能變者也是以悔亡處水火之際居會變之始能不固吝不疑於下信志改命不失時願其以吉也有孚則見信矣見信以改命則物安而无違故曰悔亡有孚改命吉也處上體之下始宜命也○比毗志反象曰改命之吉信志也信志而行九五大人虎變未占有孚未占而孚合時心也象曰大人虎變其文炳也上六君子豹變小人革面居變

之終變道已成君子處之能成其文小人樂成則變面以順上也○炳兵領反）**征凶居貞吉**（改命創制變道已成功成則事損事損則无爲故居則得貞吉征則躁擾而凶也）**象曰君子豹變其文蔚也小人革面順以從君也**（○蔚音尉紆弗反茂也數也又作斐）

䷱（巽下離上）**鼎元吉亨**（革去故而鼎取新取新而當其人易故而法制齊明吉然後乃亨故先元吉而後亨也鼎者成變之卦也革既變矣則制器立法以成之焉變而无制亂可待也法制應時然後乃吉賢愚有別尊卑有序然後乃亨故先元吉而後乃亨○鼎丁冷反即鼎器也離宮二世卦去羌吕反下皆同別彼列反有別有序本亦作賢愚別尊卑序）**彖曰鼎象也**（法象也）**以木巽火亨飪也**（亨飪鼎之用也○亨本又作亯同普庚反煮也下及注聖人亨大亨亨飪亨者並同飪入甚反徐而鴆反）**聖人亨以享上帝而大亨以養聖賢**（亨者鼎之所爲也革去故而鼎成新故爲亨飪調和之器也去故取新聖賢不可失也飪熟也天下莫不用之而聖人用之乃上以享上帝而下以大亨養聖賢也○享香兩反注同）**巽而耳目聰明**（聖賢獲養則已不爲而成矣故巽而耳目聰明也）**柔進而上行得中而應乎剛是以元亨**（謂五也有斯二德故能成新獲大亨也○上時掌反）**象曰木上有火鼎君子以正位凝命**（凝者嚴整之貌也鼎者取新成變者也革去故而鼎成新正位者明尊卑

之序也凝命者以成教命之嚴也○凝魚承反鄭云成也翟作擬云度也初六鼎顛趾利出否得妾以其子无咎凡陽為實而陰為虛鼎之為物下實而上虛而今陰在下則是為覆鼎也鼎覆則趾倒矣否謂不善之物也取妾以為室主亦顛趾之義也處鼎之初將在納新施顛以出穢得妾以為子者故无咎者也○顛丁田反趾音止出徐尺遂反或如字注及下同否悲巳反注及下同覆芳目反下皆同倒丁老反下同以為于偽反下射為同象曰鼎顛趾未悖也倒以寫否故未悖也○悖必內反逆也利出否以從貴也棄穢以納新也九二鼎有實我仇有疾不我能即吉以陽之質處鼎之中有實者也有實之物不可復加益之則溢反傷其實我仇謂五也困於乘剛之疾不能就我則我不溢得全其吉者也○仇音求匹也鄭云怨耦曰仇復扶又反下同象曰鼎有實慎所之也有實之鼎不可復有所取才任已極不可復有所加我仇有疾終无尤也九三鼎耳革其行塞雉膏不食方雨虧悔終吉鼎之為義虛中以待物者也而三處下體之上以陽居陽守實无應无所納受耳宜空以待鉉而反全其實塞故曰鼎耳革其行塞雖有雉膏而終不能食也雨者陰陽交和不偏亢者也雖體陽爻而統屬陰卦若不全任剛亢務在和通方雨則悔虧終則吉也○行下孟反注同塞悉則反雉膏如字鄭云雉膏食之美者象曰鼎耳革失其義也九四鼎折足覆公餗其形渥凶處上體之下而又應

初既承且施非己所堪故曰鼎折足也初已出否至四所盛則已絜矣故曰覆公餗也渥沾濡之貌也既覆公餗體爲渥沾知小謀大不堪其任受其至辱災及其身故曰其形渥凶也○折之舌反注同餗送鹿反虞氏八珍之具也馬云健也健之然反鄭云菜也渥於角反鄭作剭音屋施始豉反盛音成知音智

象曰覆公餗信如何也不量其力果致凶災信如之何

六五鼎黃耳金鉉利貞居中以柔能以通理納乎剛正故曰黃耳金鉉利貞也耳黃則能納剛正以自舉也○鉉玄典反徐又古玄反又古冥反一音古螢反馬云鉉扛鼎而舉之也

象曰鼎黃耳中以爲實也以中爲實所受不妄也

上九鼎玉鉉大吉无不利處鼎之終鼎道之成也居鼎之成體剛履柔用勁施鉉以斯處上高而不誡亢得夫剛柔之節能舉其任者也應不在一則靡所不舉故曰大吉无不利也○勁古政反

象曰玉鉉在上剛柔節也

䷲震下震上

震亨懼以成則是以亨○震之慎反動也八純卦象雷成亦作威

震來虩虩笑言啞啞震之爲義威至而後乃懼也故曰震來虩虩恐懼之貌也震者驚駭怠惰以肅解慢者也故震來虩虩恐致福也笑言啞啞後有則也○虩許逆反荀作愬愬言亦作語下同啞烏客反馬云笑聲鄭云樂也怠本又作殆惰徒臥反下同解佳賣反下同恐曲勇反下文注皆同

震驚百里不喪匕鬯威震驚乎百里則足可以不喪匕鬯矣匕所以載鼎實鬯香酒奉宗廟之盛也○喪息浪反卦

内並同匕必以反鬯勑亮反香酒彖曰震亨震來虩虩恐致福也笑言啞啞後有則也震驚百里驚遠而懼邇也威震驚乎百里則惰者懼於近也出可以守宗廟社稷以為祭主也明所以堪長子之義也不喪匕鬯則己出可以守宗廟○長丁丈反己音紀象曰洊雷震君子以恐懼脩省初九震來虩虩後笑言啞啞吉躰夫剛德為卦之先能以恐懼脩其德也○洊在薦反徐又在悶反象曰震來虩虩恐致福也笑言啞啞後有則也六二震來厲億喪貝躋于九陵勿逐七日得震之為義威駭懈怠肅整惰慢者也初幹其任而二乘之震來則危喪其資貨亡其所処矣故曰震來厲億喪貝億辭也貝資貨糧用之屬也犯逆受戮无應而行行无所舍威嚴大行物莫之納无粮而走雖復超越陵險必困于窮匱不過七日故曰勿逐七日得也○億本又作噫同於其反六五同鄭於力反云十萬曰億喪息浪反注同荀如字貝如字荀音敗躋本又作隮子西反升也復扶又反上六注同象曰震來厲乘剛也六三震蘇蘇震行无眚不當其位位非所処故懼蘇蘇也而无乘剛之逆故可以懼行而无眚也○蘇蘇疑懼貌王肅云躁動貌鄭云不安也馬云尸禄素飡貌眚生領反象曰震蘇蘇位不當也九四震遂泥処四陰之中居恐懼

之時爲衆陰之主宜勇其身以安於衆若其震也遂困難矣履夜大不正不能除恐使物安己德未光也○泥乃計反下同荀本遂作隊泥音乃低反難乃旦反

象曰震遂泥未光也

六五震往來厲億无喪有事往則无應來則乘剛恐其往來不免於危夫處震之時而得尊位斯乃有事之幾也而懼往來將喪其事故曰億无喪有事也

象曰震往來厲危行也其事在中大无喪也大則无喪往來乃危也

上六震索索視矍矍征凶震不于其躬于其鄰无咎婚媾有言處震之極極震者也居震之極求中未得故懼而索索視而矍矍无所安親也已處動極而復征爲凶其宜也若恐非己造彼動故懼懼鄰而戒合於備豫故无咎也極懼相疑故雖婚媾而有言也○索桑洛反注及下同馬云内不安貌鄭云猶縮縮足不正也視如字徐市至反矍俱縛反徐許縛反鄭云目不正媾古豆反彼動故懼故或作而

象曰震索索中未得也雖凶无咎畏鄰戒也

䷳艮下艮上艮其背目无患也○艮根恨反鄭云艮之言很也八純卦象山背必内反徐甫載反不獲其身所止在後故不得其身也行其庭不見其人相背故也○背音佩下相背同无咎凡物對面而不相通否之道也艮者止而不相交通之卦也各止而不相与何得无咎唯不相見乃可也施止於背不隔物欲得其所止也背者无見之物也无見則自

然靜止靜止而无見則不獲其身矣相背者雖近而不相見故行其庭不見其人也夫施止不於无見令物自然而止而強止之則姦邪並興近而

不相得則凶其得无咎艮其背不獲其身行其庭不見其人故也○否備鄙反令力呈反強其兩反邪似嗟反 彖曰艮止也

時止則止時行則行動靜不失其時其道光明 止道不可常用必施

於不可以行適於其時道乃光明也 艮其止止其所也 易背曰止以明背即止也施止不可於面施背乃可也施

止於止不施止於行得其所矣故曰艮其止止其所也 上下敵應不相與也是以不獲

其身行其庭不見其人无咎也象曰兼山艮君子以思

不出其位 各止其所不侵官也○應應對之應又音膺 初六艮其趾无咎利永貞

處止之初行无所之故止其趾乃得无咎至靜无定故利永貞○趾如字荀作止 象曰艮其趾未失正也

六二艮其腓不拯其隨其心不快 隨謂趾也止其腓故其趾不拯也腓體躁而處止而不得

拯其隨又不能退聽安靜故其心不快也○腓符非反本又作肥義與咸卦同拯音拯救之拯馬云舉也快苦夬反 象曰不拯其

隨未退聽也 九三艮其限列其夤厲薰心 限身之中也三當兩象之中故

曰艮其限夤當中脊之肉也止加其身中體而分故列其夤而憂危薰心也艮之為義各止於其所上下不相與至中則列矣列加其夤危莫甚焉

危亡之憂乃薰灼其心也施止躰中其躰分焉躰分兩主大器喪矣○限馬云限要也鄭荀虞同寅引真反鄭本胂徐又音脅荀作腎云互躰有坎坎爲腎薰許云反荀作動云互躰有震震爲動也薰息浪反 象曰艮其限危薰心也 六四艮其身无咎 中上稱身履得其位止求諸身得其所処故不陷於咎也 象曰艮其身止諸躬也 自止其躬不分全躰 六五艮其輔言有序悔亡 施止於輔以処於中故口无擇言能亡其悔也 象曰艮其輔以中正也 能用中正故言有序也 上九敦艮吉 居止之極極止者也敦重在上不陷非妄宜其吉也 象曰敦艮之吉以厚終也

䷴ 艮下巽上 漸女歸吉利貞 漸者漸進之卦也止而巽以斯適進漸進者也以止巽爲進故女歸吉也進而用正故利貞也○漸捷檢反以之前爲義即階漸之道艮宮歸魂卦 彖曰漸之進也 之於進也 女歸吉也 ○王肅本還作女歸吉利貞 進得位往有功也進以正可以正邦也其位剛得中也 以漸進得位也 止而巽動不窮也 象曰山上有木漸君子以居賢德善俗 賢德以止巽則居風俗以止巽乃善○善俗王肅本作善風俗 初六鴻漸于干小子厲有言无咎 鴻水鳥也適進之義始於下而升者也故以鴻爲喻六爻皆以進而履之爲義焉始進而位乎窮下

又无其應若履于干危不可以安也始進而未得其位則困於小子窮於
謗言故曰小子厲有言也困於小子讒諛之言未傷君子之義故曰无咎
也○干如字鄭云干水旁故停水處陸云水畔稱干毛傳詩云涯也又云
澗也荀王肅云山閒澗水也則困於小子本又作則困讒於小子謗搏浪
反諛音臾象曰小子之厲義无咎也六二鴻漸于磐飲食
衎衎吉磐山石之安者也進而得位居中而應本无禄養進而得之其爲歡樂願莫先焉○磐石畔干反馬云山中磐紆衎苦旦反馬云
饒衎養羊尚反樂音洛象曰飲食衎衎不素飽也九三鴻漸于陸
夫征不復婦孕不育凶利禦寇陸高之頂也進而之陸与四相得不能復反者也夫征不
復樂於邪配則婦亦不能執貞矣非夫而孕故不育也三本艮體而棄乎羣醜与四相得遂乃不反至使婦孕不育見利忘義貪進忘舊凶之道也
與六四合好順而相保物莫能間故利禦寇也○陸馬云山上高平曰陸孕以證反說文云懷子曰孕弋鼢反鄭云猶娠也荀作乘復扶又反邪似嗟
反好呼報反間間厠之間象曰夫征不復離羣醜也婦孕不育失其
道也利用禦寇順相保也六四鴻漸于木或得其桷无
咎鳥而之木得其宜也或得其桷遇安棲也雖乘于剛志相得也○離力智反鄭云猶去也桷音角翟云方曰桷桷椽也馬陸云桷榱也說
文云秦曰榱周謂之椽齊魯謂之桷棲音西字亦作栖象曰或得其桷順以巽也六五鴻

漸于陵婦三歲不孕終莫之勝吉陵次陸者也進得中位而隔乎三四不得与其應合故婦三歲不孕也各履正而居中三四不能久塞其塗者也不過三歲必得所願矣進以正邦三年有成成則道濟故不過三歲也象曰終莫之勝吉得所願也上九鴻漸于陸其羽可用爲儀吉進處高絜不累於位无物可以屈其心而乱其志峩峩清遠儀可貴也故曰其羽可用爲儀吉○累劣僞反峩五何反象曰其羽可用爲儀吉不可亂也

䷵兌下震上歸妹征凶無攸利妹者少女之稱也兌爲少陰震爲長陽少陰而承長陽說以動嫁妹之象也○婦人謂嫁曰歸兌宮歸䰟卦少詩照反下皆同稱尺證反下同長丁丈反下皆同說音悅後並同彖曰歸妹天地之大義也天地不交而萬物不興歸妹人之終始也陰陽既合長少又交天地之大義人倫之終始說以動所歸妹也少女而与長男交少女所不樂也而今說以動所歸必妹也雖与長男交嫁而係娣是以說也○所歸妹也本或作所以歸妹樂音洛征凶位不當也履於不正說動以進妖邪之道也○邪似嗟反無攸利柔乘剛也以征則有不正之凶以處則有乘剛之逆象曰澤上有雷歸妹君子以永終知敝歸妹相終始之道也故以永終知敝○敝婢世反初

初九歸妹以娣跛能履征吉以女而与長男為耦非敵之謂是娣從之義也妹少女之稱也少女之行善莫若娣夫承嗣以君之子雖幼而不妄行少女以娣雖跛能履斯乃恒久之義吉而相承之道也以斯而進吉其宜也○娣大計反跛波我反從寸用反又如字象曰歸妹以娣以恒也跛能履吉相承也九二眇能視利幽人之貞雖失其位而居内処中以眇猶能視足以保常也在内履中而能守其常故利幽人之貞也○眇弥小反象曰利幽人之貞未變常也六三歸妹以須反歸以娣室主猶存而求進焉進未值時故有須也不可以進故反歸待時以娣乃行也○須如字鄭云有才智之稱荀陸作嬬陸云妾也象曰歸妹以須未當也九四歸妹愆期遲歸有時夫以不正无應而適人也必須彼道窮盡无所與交然後乃可以往故愆期遲歸以待時也○愆起虔反馬云過也遲稚夷反晚也緩也陸云待也一音直異反无應一本作不應象曰愆期之志有待而行也六五帝乙歸妹其君之袂不如其娣之袂良月幾望吉歸妹之中獨処貴位故謂之帝乙歸妹也袂衣袖所以為礼容者也其君之袂謂帝乙所寵也即五也為帝乙所崇飾故謂之其君之袂也配在九二兌少震長以長從少不若以少從長之為美也故曰不若其娣之袂良也位在乎中以貴而行極陰之盛以斯適配雖不若少往亦必合故

日月幾望吉也○有待而行一本待作時袂弥世反幾音機又音祈荀作既象曰帝乙歸妹不如其娣之袂良也其位在中以貴行也上六女承筐無實士刲羊无血无攸利羊謂三也处卦之窮仰无所承下又无應爲女而承命則筐虚而莫之与爲士而下命則刲羊而无血刲羊而无血不應所命也進退莫与故曰无攸利也○匡曲亡反鄭作筐刲苦圭反馬云刺也一音工惠反象曰上六无實承虚筐也

周易卷第五

周易下經豐傳第六　　王弼注

䷶離下震上豐亨王假之大而亨者王之所至○豐芳忠反字林音匹忠反依字作豐今並三直畫猶是變體若曲下作者禮字耳非也世人亂之久矣彖及序卦皆云大也案豐是腆厚光大之義鄭云豐之言腆充滿意也坎宮五世卦假庚白反下同馬古雅反勿憂宜日中豐之為義闡弘微細通夫隱滯者也為天下之主而令微隱者不亨憂未已也故至豐亨乃得勿憂也用夫豐亨不憂之德宜處天中以徧照者也故曰宜日中也○闡音昌善反令力呈反徧音遍彖曰豐大也音闡大之大也明以動故豐王假之尚大也大者王之所尚故至之也勿憂宜日中宜照天下也以勿憂之德故宜照天下也日中則昃月盈則食天地盈虛與時消息而況於人乎況於鬼神乎豐之為用困於昃食者也施於未足則尚豐施於已盈則方溢不可以為常故具陳消息之道者也○昃如字作稷食如字或作蝕非則溢本或作則方溢者非象曰雷電皆至豐君子以折獄致刑文明以動不失情理也○折之舌反斷也下及注同初九遇其配主雖旬无咎往有尚處豐之初其配在四以陽適陽以明之動能相光大者也旬均也雖均无咎往有尚也初四俱陽爻故曰均也○配如字鄭作妃云嘉耦曰妃旬如字王肅尚純反或音脣荀作均劉昞作鈞象曰雖旬无

咎過旬災也過均則爭交斯叛也爭爭鬪之爭下皆同○六二豐其蔀日中見斗
往得疑疾有孚發若吉蔀覆曖鄣光明之物也處明動之時不能自豐以光大之德既處乎內而又以陰居
陰所豐在蔀幽而无覩者也故曰豐其蔀日中見斗也日中者明之盛也
斗見者闇之極也處盛明而豐其蔀故曰日中見斗不能自發故往得疑
疾然處中當位處闇不邪有孚者也若有孚可以發其志不困於闇
故獲吉也○蔀音部王廙同蒲户反王肅普苟反略例云大闇之謂蔀馬
云蔀小也鄭薛作菩云小席見斗孟作見主曖音愛鄣音章
又止尚反字又作障同斗見賢遍反下不見同邪似嗟反　象曰有孚
發若信以發志也九三豐其沛日中見沬折其右肱无
咎沛幡幔所以禦盛光也沬微昧之明也應在上六志在乎陰雖愈乎以陰處陰亦未足以免於闇也所豐在沛日中見沬之謂也施明則見沬
而已施用則折其右肱故可以自守而已未足用者也○沛或作斾文普貝
反姚云滂沛也王廙豐蓋反又補賴反徐普蓋反子夏作芾傳云小也鄭干
作芾云祭祀之蔽膝沬徐武蓋反又亡對反字林作昧亡太反云斗杓後
星王肅云音妹鄭作昧服虔云日中而昏也子夏傳云昧星之小者馬同
薛云輔星也肱古弘反姚作股幡芳袁反幔末半反禦魚呂反昧音妹　象曰豐其沛不可大事
也明不足也折其右肱終不可用也雖有左在不足用也九四豐其蔀日
中見斗遇其夷主吉以陽居陰豐其蔀也得初以發夷主吉也　象曰豐其蔀位

不當也日中見斗幽不明也遇其夷主吉行也六五來章有慶譽吉以陰之質來適尊陽之位能自光大章顯其德獲慶譽也象曰六五之吉有慶也上六豐其屋蔀其家闚其戶闃其無人三歲不覿凶屋藏蔭之物以陰處極而最在外不履於位深自幽隱絕迹深藏者也既豐其屋又蔀其家屋厚家覆闇之甚也雖闚其戶闃其无人弃其所處而自深藏也處於明動尚大之時而深自幽隱以高其行大道既濟而猶不見隱不爲賢更爲反道凶其宜也三年豐道之成治道未濟隱猶可也既濟而隱以治爲亂也○豐其屋說文作豐云大屋也闚苦規反云小視闃苦鶪反徐苦鶪反一音苦馘反馬鄭云无人貌字林云靜也姚作閱孟作窒並通覿徒歷反藏如字蔭於鴆反行下孟反治直吏反下同象曰豐其屋天際翔也翳光最甚者也○際如字鄭云當爲瘵瘵病也翔王肅作祥翳烏細反闚其戶闃其无人自藏也可以出而不出自藏之謂也非有爲而藏不出戶庭失時致凶況自藏乎凶其宜也○自藏如字衆家作戕慈羊反馬王肅云戕殘也鄭云傷也有爲于僞反不出戶庭此引節卦九二爻辭應云門庭作戶誤也或云門戶通語

䷷艮下離上旅小亨旅貞吉不足全夫貞吉之道唯足以爲旅之貞吉故特重曰旅貞吉也○旅力舉反序卦云旅而无所容雜卦云親寡旅是也離宮一世卦王肅等以爲軍旅重直用反彖曰旅小亨柔得中乎

外而順乎剛止而麗乎明是以小亨旅貞吉也（夫物失其主則散柔乘於剛則乖旣乖且散物皆羈旅何由得小亨而貞吉乎夫陽爲物長而陰皆順陽惟六五乘剛而復得中乎外以乘于上陰各順陽不爲乖逆止而麗明動不履妄雖不及剛得尊位恢弘大通足以小亨令附旅者不失其正得其所安也○長丁丈反六五注同令力呈反）旅之時義大矣哉（旅者大散物皆失其所居之時也咸失其居物願所附豈非知者有爲之時○知音智）象曰山上有火旅君子以明慎用刑而不留獄（止而明之刑戮詳也）初六旅瑣瑣斯其所取災（最處下極寄旅不得所安而爲賤之役所取致災志窮且困○瑣悉果反或作璅字者非也鄭云瑣瑣小也馬云疲弊貌王肅云細小貌）象曰旅瑣瑣志窮災也 六二旅即次懷其資得童僕貞（次者可以安行旅之地也懷來也得位居中體柔奉上以此寄旅必獲次舍懷來資貨得童僕之所正也旅不可以處盛故其美盡於童僕之正也過斯以往則見害矣童僕之正義足而已○懷其資貨一本或作懷其資斧非）象曰得童僕貞終无尤也 九三旅焚其次喪其童僕貞厲（居下體之上與二相得以寄旅之身而爲施下之道與萌侵權主之所疑也故次焚僕喪而身危也○喪息浪反卦內所下卦同施始豉反與如字又音預）象曰旅焚其次亦以傷矣以旅與下其義喪也 九四旅于處

得其資斧我心不快斧所以斫除荆棘以安其舍者也雖處上體之下不先於物然而不得其位不獲平坦之地客于所處不得其次而得其資斧之地故其心不快也○資斧如字子夏傳及衆家並作齊斧張軌云齊斧蓋黄鉞斧也張晏云整齊也應劭云齊利也虞喜志林云齊當作齋齋戒入廟而受斧斧下卦同快苦夬反斫諸若反坦吐但反象曰旅于處未得位也得其資斧心未快也六五射雉一矢亡終以譽命射雉以一矢而復亡之明雖有雉終不可得矣寄旅而進雖處於文明之中居于貴位此位終不可有也以其能知禍之萌不安其處以乘其下而上承於上故終以譽而見命也○射食亦反注同而上時掌反象曰終以譽命上逮也上九鳥焚其巢旅人先笑後號咷喪牛于易凶居高危而以為宅巢之謂也客而得上位故先笑也以旅而處於上極衆之所嫉也以不親之身而當嫉害之地必凶之道也故曰後號咷牛者稼穡之資以旅處上衆所同嫉故喪牛於易不在於難物莫之與危而不扶喪牛于易故莫之聞莫之聞則傷之者至矣○逮音代一音大計反號戶羔反咷道高反易以豉反注同王肅音亦嫉音疾字林音自本亦作疾下同象曰以旅在上其義焚也喪牛于易終莫之聞也○其義焚也馬云義宜也一本作宜其焚喪牛之凶本亦作喪牛于易

䷸巽下巽上巽小亨全以巽為德是以小亨也上下皆巽不違其令命乃行也故申命行事之時上下不可以不巽也○

巽孫問反入也廣雅云順也八純卦象風象木利有攸往巽弟以行物无距也○弟大計反夲亦作悌利見大
人大人用之道愈隆彖曰重巽以申命命乃行也未有不巽而命行也○重直龍反剛巽乎
中正而志行以剛而能用巽處于中正物所與也柔皆順乎剛明无違逆故得小亨是以
小亨利有攸往利見大人象曰隨風巽君子以申命行
事初六進退利武人之貞處令之初未能服令者也故進退也成命齊邪莫善武人故利武人之貞以整之○
邪似嗟反下并下卦皆同象曰進退志疑也巽順之志進退疑懼利武人之貞志治也
九二巽在牀下用史巫紛若吉无咎處巽之中既在下位而復以陽居陰卑巽之甚故曰
巽在牀下也卑甚失正則入于咎過矣能以居中而施至卑於神祇而不用之於威勢則乃至于紛若之吉而亡其過矣故曰用史巫紛若吉无咎也○
治直吏反紛芳云反廣雅云衆也喜也一云盛也復扶又反下同祇祈支反象曰紛若之吉得中也九三
頻巽吝頻頻蹙不樂而窮不得已之謂也以其剛正而為四所乘志窮而巽是以吝也○蹙千寂反又子六反此同鄭意不樂音洛象
曰頻巽之吝志窮也六四悔亡田獲三品乘剛悔也然得位承五卑得所奉雖以柔乘剛
而依尊履正以斯行命必能獲強暴遠不仁者也獲而有益莫善三品故曰悔亡田獲三品一曰乾豆二曰賓客三曰充君之庖○遠音袁万反庖步交

反象曰田獲三品有功也九五貞吉悔亡无不利无初有終

先庚三日後庚三日吉以陽居陽損於謙巽然秉乎中正以宣其令物莫之違故曰貞吉悔亡无不利也化不以漸卒以剛直用加於物故初皆不說也終於中正邪道以消故有終也申命令謂之庚夫以正齊物不可卒也民迷固久直不可肆也故先申三日令著之後復申三日然後誅而无咎怨矣甲庚皆申命之謂也○先西薦反注同後胡豆反卒寸忽反下同說字又作悅同先申音身或作甲字非象曰九

五之吉位正中也上九巽在牀下喪其資斧貞凶處巽之極極巽過甚故曰巽在牀下也斧所以斷者也過巽失正喪所以斷故曰喪其資斧貞凶者也○斷丁亂反下同象曰巽在牀下上

窮也喪其資斧正乎凶也

䷹兌上兌下兌亨利貞彖曰兌說也剛中而柔外說以利貞說而違剛則諂剛而違說則暴剛中而柔外所以說以利貞也剛中故利貞柔外故說亨○兌徒外反八純卦象澤說音悅卦內並同是以順乎天

而應乎人天剛而不失說者也說以先民民忘其勞說以犯難民忘其

死說之大民勸矣哉象曰麗澤兌君子以朋友講習麗猶連也施說之盛莫盛於此○先西薦反又如字難乃旦反麗澤如字鄭作離云猶併也初九和兌吉居兌之初應不在一无所黨係

和兌之謂也說不在諂履斯而行未見有疑之者吉其宜也○繫本亦作係象曰和兌之吉行未疑也九二孚兌吉悔亡說不失中有孚者也失位而說孚吉乃悔亡也象曰孚兌之吉信志也信其志也六三來兌凶以陰柔之質履非其位來求說者也非正而求說邪佞者也象曰來兌之凶位不當也九四商兌未寧介疾有喜商商量裁制之謂也介隔也三為佞說將近至尊故四以剛德裁而隔之匡內制外是以未寧也處於幾近閑邪介疾宜其有喜也○商如字鄭云隱度也介音界馬云大也近附近之近象曰九四之喜有慶也九五孚于剝有厲比於上六而與相得處尊正之位不說信乎陽而說信乎陰孚于剝之義也剝之為義小人道長之謂○比毗志反長丁丈反象曰孚于剝位正當也以正當之位信於小人而疏君子故曰位正當也上六引兌以夫陰質最處說後靜退者也故必見引然後乃說也象曰上六引兌未光也

䷺坎下巽上渙亨王假有廟利涉大川利貞彖曰渙亨剛來而不窮柔得位乎外而上同二以剛來居內而不窮於險四以柔得位乎外而與上同內剛而无險困之難外順而无違逆之乖是以亨利涉大川利貞也凡剛得暢而无忌回之累柔履正而同志乎剛則皆亨利涉大川利貞也○渙呼亂反序卦云

離也離宮五世卦假庚白反下同梁武帝音賈上如字又時掌反難乃旦反卦內同累劣僞反王假有廟王乃在中也王乃在乎渙然之中故至有廟也利涉大川乘木有功也乘木即涉難也木者專所以涉川也涉難而常用渙道必有功也象曰風行水上渙先王以享于帝立廟初六用拯馬壯吉渙散也處散之初乖散未甚故可以遊行得其志而違於難也不在危劇而後乃逃竄故曰用拯馬壯吉○拯香兩反拯拯救之拯馬云舉也伏曼容云濟也王肅云拔也子夏作抍抍取也遊又作遊危劇本又作危處又作厄處竄七亂反象曰初六之吉順也觀難而行不與險爭故曰順也○爭爭鬭之爭九二渙奔其机悔亡机承物者也謂初也二俱无應與初相得而初得散道離散而奔得其所安故悔亡也○机音几象曰渙奔其机得願也六三渙其躬无悔渙之爲義內險而外安者也散躬志外不固所守與剛合志故得无悔也象曰渙其躬志在外也六四渙其羣元吉渙有丘匪夷所思踰乎險難得位體巽與五合志內掌機密外宣化命者也故能散羣之險以光其道然處於卑順不可自專而爲散之任猶有丘墟匪夷之慮雖得元吉所思不可忘也○有丘姚作有近匪夷荀作匪弟墟音去魚反象曰渙其羣元吉光大也九五渙汗其大號渙王居无咎處尊履正居巽之中散汗大號以盪險阨者也爲渙之主唯王居之

乃得无咎也○汗下旦反盪徒黨反阨於隔反象曰王居无咎正位也正位不可以假人○假古雅反上九

渙其血去逖出无咎逖遠也最遠於害不近侵克散其憂傷遠出者也散患於遠害之地誰將咎之哉○去羌呂反

逖湯歷反遠袁万反下於遠遠害並同近附近之近象曰渙其血遠害也

䷻兌下坎上節亨苦節不可貞彖曰節亨剛柔分而剛得中

坎陽而兌陰陽上而陰下剛柔分也剛柔分而不亂剛得中而為制主節之義也節之大者莫若剛柔分男女別也○節薦結反止也明禮有制度

之名一云分段支節之義坎宮一世卦別彼列反苦節不可貞其道窮也為節過若則物不能堪也

物不能堪則不可復正也○復扶又反說以行險當位以節中正以通然後乃亨也无說而

行險遇中而為節則道窮也○說音悅注同天地節而四時成節以制度不傷財

不害民象曰澤上有水節君子以制數度議德行初九

不出戶庭无咎為節之初將整離散而立制度者也故明於通塞慮於險僞不出戶庭慎密不失然後事濟而无咎也○

上或作中今不用行下孟反下注同象曰不出戶庭知通塞也九二不出門庭

凶初已造之至二宜宣其制矣而故匿之失時之極則遂廢矣故不出門庭則凶也○匿女力反象曰不出門庭凶

失時極也六三不節若則嗟若无咎若辭也以陰處陽以柔乘剛違節之道以至哀嗟自己所致无所怨咎故曰无咎也○怨紆万反又紆元反象曰不節之嗟又誰咎也六四安節亨得位而順不改其節而能亨者也承上以斯得其道也象曰安節之亨承上道也九五甘節吉往有尚當位居中為節之主不失其中不傷財不害民之謂也為節而不苦非甘而何術斯以往往有尚也象曰甘節之吉居位中也上六苦節貞凶悔亡過節之中以至亢極苦節者也以斯施正物所不堪正之凶也以斯脩身行在无妄故得悔亡象曰苦節貞凶其道窮也

䷼兌下巽上中孚豚魚吉利涉大川利貞彖曰中孚柔在內而剛得中說而巽孚有上四德然後乃孚○孚芳夫反信也艮宮遊魂卦豚徒尊反黃作遯說而音悅下注皆同乃化邦也信立而後邦乃化也柔在內而剛得中各得其所也剛得中則直而正柔在內則靜而順說而以巽則乖爭不作如此則物无巧競敦實之行著而篤信發乎其中矣○爭爭鬬之爭行下孟反豚魚吉信及豚魚也魚者蟲之隱者也豚者獸之微賤者也爭競之道不興中信之德淳著則雖微隱之物信皆及之○畜許六反本或作獸利涉大川乘木舟虛也乘木於用舟之虛則終已无溺也用中孚以涉難若乘木舟虛也○難乃旦反中孚以利貞乃應

乎天也盛之至也象曰澤上有風中孚君子以議獄緩死信發於中雖過可亮初九虞吉有它不燕虞猶專也為信之始而應在四得乎專吉者也志未能變繫心於一故有它不燕也○有它音他燕音鷰象曰初九虞吉志未變也九二鳴鶴在陰其子和之我有好爵吾與爾靡之處內而居重陰之下而履不失中不徇於外任其真者也立誠篤志雖在闇昧物亦應焉故曰鳴鶴在陰其子和之也不私權利唯德是與誠之至也故曰我有好爵與物散之○鶴戶各反和胡卧反注及下同好如字王肅呼報反孟云好小也靡本又作縻同亡池反干同徐又武寄反又亡彼反韓詩云共也孟同埤蒼作縻陸作䌕京作劘重直龍反徐似俊反象曰其子和之中心願也六三得敵或鼓或罷或泣或歌三居少陰之上四居長陰之下對而不相比敵之謂也以陰居陽欲進者也欲進而閡敵故或鼓也四履正而承五非己所克故或罷也不勝而退懼見侵淩故或泣也四履乎順不與物校退而不見害故或歌也不量其力進退无恒憊可知也○罷如字王肅音皮徐扶彼反少時照反長丁丈反比毗志反閡五代反憊備拜反象曰或鼓或罷位不當也六四月幾望馬匹亡无咎居中孚之時處巽之始應說之初居正履順以承於五內毗元首外宣德化者也充乎陰德之盛故曰月幾望馬匹亡者棄羣類也若夫居盛德之位而與物校其競爭則失其所盛矣故曰絕類而上履正承尊不與三爭乃得无咎也○幾音機又音祈京作近荀作既上時掌反象同象曰

馬匹亡絶類上也〔類謂三俱陰爻故曰類也〕九五有孚攣如无咎〔攣如者繫其信之辭也處中誠以相交之時居尊位以為羣物之主信何可舍故有孚攣如乃得无咎也○攣力圓反廣雅云拳也舍音捨〕象曰有孚攣如位正當也上九翰音登于天貞吉〔翰高飛也飛音者音飛而實不從之謂也居卦之上處信之終信終則衰忠篤內喪華美外揚故曰翰音登于天也翰音登天正亦滅矣○翰胡旦反內喪息浪反〕象曰翰音登于天何可長也

䷽艮下震上小過亨利貞可小事不可大事飛鳥遺之音不宜上宜下大吉〔飛鳥遺其音聲哀以求處上愈无所適下則得安愈上則愈窮莫若飛鳥也○過古卧反義與大過同王肅云音戈兌宮遊魂卦遺如字宜上時掌反注同及下文宜上上六注上亦同鄭如字謂君也〕彖曰小過小者過而亨也〔小者謂凡諸小事也過於小事而通者也〕過以利貞與時行也〔過而得以利貞應時宜也施過於恭儉利貞者也〕柔得中是以小事吉也剛失位而不中是以不可大事也〔成大事者必在剛也柔而浸大剝之道也○浸子鴆反〕有飛鳥之象焉〔不宜上宜下即飛鳥之象〕飛鳥遺之音不宜上宜下大吉上逆而下順也

上則乘剛逆也下則乘陽順也施過於不
順凶莫大焉施過於順過更變而爲吉也

象曰山上有雷小過君子以行過乎恭喪過乎哀用過乎儉初六飛鳥以凶

小過上逆
下順而應在上卦進而之逆无所錯足飛鳥之凶
也○行下孟反錯本又作措又作厝同七路反

象曰飛鳥以凶不可如何也六二過其祖遇其妣不及其君遇其臣无咎

過而得之謂之遇在小過而當位過而得之之謂也祖始也謂初也妣者
居內履中而正者也過初而履二位故曰過其祖而遇其妣過而不至於
僭盡於臣位而已故曰不及其君遇其臣
无咎○妣必履反僭子念反盡津忍反

象曰不及其君臣不可過也九三弗過防之從或戕之凶

小過之世大者不立故令
小者得過也居下體之上
以陽當位而不能先過防之至令小者咸過而復應而從焉其從之也則
戕之凶至矣故曰弗過防之從或戕之凶也○戕徐在良反注同令力呈
反注同先西薦反
復扶又反卦末同

象曰從或戕之凶如何也九四无咎弗過遇之往厲必戒勿用永貞

雖體陽爻而不居其位不爲責主
故得无咎也失位在下不能過者
也以其不能過故得合於免咎之宜故曰弗過遇之夫宴安酖毒不可懷
也處於小過不寧之時而以陽居陰不能有所爲者也以此自守免咎可
也以斯攸往危之道也不交於物物亦弗與无援之助故危則必戒而已
无所告救也沉没怯弱自守而已以斯而處於羣小之中未足任者也故

曰勿用永貞言不足用之於永貞○晏於諫反又音宴鴆除蔭反本亦作酖快六槩反 象曰弗過遇之位不當也往厲必戒終不可長也六五密雲不雨自我西郊公弋取彼在穴小過者小者過於大也六得五位陰之盛也故密雲不雨至于西郊也夫雨者陰布於上而陽薄之而不得通則烝而爲雨今艮止於下而不交焉故不雨也是故小畜尚往而亨則不雨也小過陽不上交亦不雨也雖陰盛於上未能行其施也公者臣之極也五極陰盛故稱公也弋射也在穴者隱伏之物也小過者過小而難未大作猶在隱伏者也以陰質治小過能獲小過者也故曰公弋取彼在穴也除過之道不在取之是及密雲未能雨也○弋餘職反則烝章勝反字又作蒸或作滕字非畜本又作蓄同勑六反施始豉反鄭乃旦反 象曰密雲不雨已上也陽已上故止也○已上並如字上又時掌反注同鄭作尚云庶幾也陽已上故止也本又作陽已上故少陰止少音多少之少 上六弗遇過之飛鳥離之凶是謂災眚小人之過遂至上極過而不知限至于亢也過至於亢將何所遇飛而不已將何所託災自己致復何言哉○遇玉付反本多誤故詳之眚生領反

象曰弗遇過之已亢也

䷾ 離下坎上 既濟亨小利貞初吉終亂彖曰既濟亨小者亨也既濟者以皆濟爲義者也小者不遺乃爲皆濟故舉小者以明既濟也○濟節計反下卦同鄭云既已也盡也濟度也坎宮三

此卦亨小絕句以小連利貞者非利貞剛柔正而位當也剛柔正而位當則邪不可以行矣故唯正乃利貞也
邪似嗟反下同初吉柔得中也終止則亂其道窮也柔得中則小者亨也柔不得中
則小者未亨小者未亨雖剛得正則為未既濟也故既濟之要在柔得中也以既濟為家者道極无進終唯有亂故曰初吉終亂終亂不為自
亂由止故亂故曰終止則亂也象曰水在火上既濟君子以思患而豫防之
存不忘亡既濟不忘未濟也初九曳其輪濡其尾无咎最處既濟之初始濟者也始濟未涉於燥
故輪曳而尾濡也雖未造易心无顧戀志弃難者也其於義也无所咎也○曳以制反濡音儒注同燥西早反造七報反易以豉反難乃旦反卦末
并下卦同象曰曳其輪義无咎也六二婦喪其茀勿逐七日
得居中履正處文明之盛而應五陰之光盛者也然居初三之間近而不相得上不承三下不比初夫以光盛之陰處於二陽之間近而不
相得能无見侵乎故曰喪其茀也稱婦者以明自有夫而它人侵之也茀首飾也夫以中道執乎貞正而見侵者衆之所助也處既濟之時不容邪
道者也時既明峻衆又助之竊之者逃竄而莫之歸矣量斯勢也不過七日不須已逐而自得也○喪息浪反注皆同茀方拂反寫同干云馬髴也鄭云
車蔽也子夏作髴荀作紱董作髢出毗志反象曰七日得以中道也九三高宗伐
鬼方三年克之小人勿用處既濟之時居文明之終履得其位是居衰末而能濟者也高宗伐鬼方三

年乃克也君子處之故能興也小人居之遂喪邦也○鬼方蒼頡篇云鬼遠也象曰三年克之憊也六四繻有衣袽終日戒繻宜曰濡衣袽所以塞舟漏也履得其正而近不與三五相得夫有隙之棄舟而得濟者有衣袽也鄰於不親而得全者終日戒也○憊備拜反鄭云劣弱也陸作備云當爲備憊困劣也繻而朱反鄭王肅云音須子夏作襦王廙同薛云古文作繻袽女居反絲袽也王肅音如說文作絮云緼也廣雅云絮塞也子夏作茹隙去逆反象曰終日戒有所疑也九五東鄰殺牛不如西鄰之禴祭寔受其福牛祭之盛者也禴祭之薄者也居既濟之時而處尊位物皆濟矣將何爲焉其所務者祭祀而已祭祀之盛莫盛脩德故沼沚之毛蘋蘩之菜可羞於鬼神故黍稷非馨明德惟馨是以東鄰殺牛不如西鄰之禴祭寔受其福也○禴羊略反沼之紹反沚音止蘋音頻蘩音煩馨呼庭反象曰東鄰殺牛不如西鄰之時也在於合時不在於豐也寔受其福吉大來也上六濡其首厲處既濟之極既濟道窮則之於未濟之於未濟則首先犯焉過進不已則遇於難故濡其首也將没不久危莫先焉象曰濡其首厲何可久也

䷿坎下離上未濟亨小狐汔濟濡其尾无攸利彖曰未濟亨柔得中也以柔處中不違剛也能納剛健故得亨也○未濟離宮三世卦狐音胡汔許訖反說文云水涸也鄭云幾

也小狐汔濟未出中也小狐不能涉大川須汔然後乃能濟處未濟之時必剛健拔難然後乃能濟汔乃能濟未能出險之中濡其尾无攸利不續終也小狐雖能渡而无餘力將濟而濡其尾力竭於斯不能續終險難猶未足以濟也濟未濟者必有餘力也雖不當位剛柔應也位不當故未濟剛柔應故可濟象曰火在水上未濟君子以慎辨物居方辨物居方令物各當其所也○令力呈反一本當作得初六濡其尾吝處未濟之初最居險下不可以濟者也而欲之其應進則溺身未濟之始始於既濟之上六也濡其首猶不及至于濡其尾不知紀極者也然以陰處下非爲進亢遂其志者也困則能反故不曰凶事在已量而必困乃反頑亦甚矣故曰吝者也象曰濡其尾亦不知極也九二曳其輪貞吉體剛履中而應於五五體陰柔應與而不自任者也居未濟之時處險難之中體剛中之質而見任與拯救危難經綸屯蹇者也用健拯難靖難在正而不違中故曳其輪貞吉也○綸本又作論同音倫又音門反屯張倫反蹇紀免反循似遵反循猶履也象曰九二貞吉中以行正也位雖不正中以行正也六三未濟征凶利涉大川以陰之質失位居險不能自濟者也以不正之身力不能自濟而求進焉喪其身也故曰征凶也二能拯難而已比之棄己委二載二而行溺可得乎何憂未濟故曰利涉大川○喪息浪反己音紀比音鼻象曰未濟征凶位不當也九四貞吉悔亡震用

伐鬼方三年有賞于大國處未濟之時而出險難之上居文明之初體乎剛質以近至尊雖履失其位志在乎正則吉而悔亡矣其志得行靡禁其威故曰震用伐鬼方也伐鬼方者興衰之征也故每至興衰而取義焉處文明之初始出於難其德未盛故曰三年也五居尊以柔體乎文明之盛不奪物功者也故以大國賞之也○近附近之近 象曰貞吉悔亡志行也六五貞吉无悔君子之光有孚吉以柔居尊處文明之盛為未濟之主故必正然後乃吉吉乃得无悔也夫以柔順文明之質居於尊位付與於能而不自役使武以文御剛以柔斯誠君子之光也付物以能而不疑也物則竭力功斯克矣故曰有孚吉 象曰君子之光其暉吉也上九有孚于飲酒无咎濡其首有孚失是未濟之極則反於既濟既濟之道所任者當也所任者當則可信之无疑而已逸焉故曰有孚于飲酒无咎也以其能信於物故得逸豫而不憂於事之廢苟不憂於事之廢而耽樂之甚則至于失節矣由於有孚失於是矣故曰濡其首有孚失是也○暉許歸反字又作輝耽丁南反樂音洛 象曰飲酒濡首亦不知節也

周易卷第六

周易繫辭

韓康伯
王弼註

周易繫辭上第七

○繫徐胡詣反本系也文音係續也字從毄若直作毄下系者音口奚反非辭本亦作詞依字應作詞説也説文云詞者意内而言外也辤不受也受辛者辤辤籀文辤字也上第七本亦作繫辭上王肅本作繫辭上傳訖於雜卦皆有傳字本亦有無上字者

韓康伯注本亦作韓伯注案王輔嗣止注六經講者相承用韓注繫辭以下續之

天尊地卑乾坤定矣乾坤其易之門户先明天尊地卑以定乾坤之體○卑如字文音婢本文作埤同其易之門本亦作其易之門户卑高以陳貴賤位矣天尊地卑之義既列則涉乎万物貴賤之位明矣動靜有常剛柔斷矣剛動而柔止也動止得其常體則剛柔之分著矣○斷丁亂反分符問反篇末注同著張慮反方以類聚物以群分吉凶生矣方有類物有群則有同有異有聚有分也順其所同則吉乖其所趣則凶故吉凶生矣在天成象在地成形變化見矣象况日月星辰形况山川草木也縣象運轉以成昏明山澤通氣而雲行雨施故變化見矣○見賢遍反注同縣音玄施始豉反是故剛柔相摩相切摩也言陰陽之交感也○摩本又作磨末何反京云相磑切也磑音古代反鄭注禮記云迫也迫音百八卦相盪相推盪也言運化之推移○盪衆家作蕩王肅音唐黨反馬云除也桓云動也鼓之以雷霆潤之以風雨日月運行一寒一暑乾道成男坤道成女乾知大始坤作成物乾以

易知坤以簡能天地之道不為而善始不勞而善成故曰易簡○鼓虞陸董皆云鼓鼓動也霆王肅呂忱音廷徐又徒鼎
反文音定京云霆者雷之餘氣挺生万物也說文同蜀才云娗為電運行姚作違行大始音泰王肅作泰坤作虞姚作坤化姚云化當為作易以鼓
反說章末同鄭荀董並音亦能如字姚云能當為從易則易知簡則易從易知則有
親易從則有功順万物之情故曰有親通天下之志故曰有功有親則可以有功則
可大有易簡之德則能成可以可大之功可以則賢人之德可大則賢人之業
天地易簡万物各載其形聖人不為群方各遂其業德業既成則入於形器故以賢人目其德業易簡而天下之理
得矣天下之理莫不由於易簡而各得順其分位也天下之理得而成位乎其中矣
成位況立象也極易簡則能通天下之理通天下之理故能成象並乎天地言其中則明並天地也○而成位乎其中馬王肅作而易成位乎其中
聖人設卦觀象此揔言也繫辭焉而明吉凶剛柔相推而生
變化繫辭所以明吉凶剛柔相推所以明變化也吉凶者存乎人事也變化者存乎運行也○繫音系卷內皆同而明吉凶虞本更有悔
吝二字是故吉凶者失得之象也由有失得故吉凶生悔吝者憂虞之象
也失得之微者足以致憂虞而已故曰悔吝變化者進退之象也往復相推迭進退也○迭田節反剛

柔者晝夜之象也晝則陽剛夜則陰柔始揔言吉凶變化而下别明悔吝晝夜者悔吝則吉凶之類晝夜亦變化之道吉凶之類則同因繫辭而明變化之道則俱由剛柔而著故始揔言之下則明失得之輕重辨變化之小大故别序其義也○剛柔者晝夜之象虞作晝夜者剛柔之象六爻之動三極之道也三極三材也兼三材之道故能見吉凶成變化也○三極陸云極至也馬云三統也王肅云陰陽剛柔仁義爲三極見音賢遍反是故君子所居而安者易之序也序易象之次序○陸云序象也京云次也虞本作象所樂而玩者爻之辭也是故君子居則觀其象而玩其辭動則觀其變而玩其占是以自天祐之吉无不利彖者言乎象者也彖揔一卦之義者○所樂音岳適會也虞本作所變玩五亂反研玩也馬云貪也鄭作翫祐音又後同爻者言乎變者也爻各言其變也○爻户交反說文云交也吉凶者言乎其失得也悔吝者言乎其小疵也无咎者善補過也是故列貴賤者存乎位爻之所處曰位六位有貴賤也○疵徐才斯反馬云瑕也齊小大者存乎卦卦有小大也齊由言辯也卽彖者言乎象也辯吉凶者存乎辭辭爻辭也卽爻者言乎變也言象所以明小大言變所以明吉凶故小大之義存乎卦吉凶之狀見乎爻至於悔吝无咎其例一也

吉凶悔吝小疵无咎皆生乎變事有小大故下歷言五者之差也○辯如字京云明也虞董姚顧蜀才並云别也彼列反見賢遍反憂悔吝者存乎介介纖介也王弼曰憂悔吝之時其介不可慢也即悔吝者言乎小疵也○介音界注同纖息廉反震无咎者存乎悔无咎者善補過也震動也故動而无咎存乎其悔過也○震馬云震驚也鄭云懼也周云救也是故卦有小大辭有險易其道光明曰大君子道消曰小之泰則其辭易之否則其辭險○險易以豉反注同京云險惡也易善也否備鄙反辭也者各指其所之易與天地準作易以準天地○地準如字準京云等也鄭云中也平也故能彌綸天地之道仰以觀於天文俯以察於地理是故知幽明之故原始反終故知死生之說幽明者有形无形之象死生者始終之數也○彌如字本又作弥京云遍也荀云終也綸音倫京云知也王肅云纏裹也荀云迹也天地之道一本作天下俯以音甫察一本作觀反終鄭虞作及終說如字宋衷始銳反云舍也精氣為物遊魂為變精氣烟熅聚而成物聚極則散而遊魂為變也遊魂言其遊散也○烟音因熅于云反是故知鬼神之情狀盡聚散之理則能知變化之道无幽而不通也○盡津忍反下同與天地相似故不違德合天地故曰相似知周乎萬物而道濟天下故不過

知周万物則能以道濟天下也○知音智注同道如字鄭云道當作導旁行而不流應變旁通而不流淫也○流如字京作留樂天知命故不憂順天之化故曰樂也○樂天音洛注同虞作變天安土敦乎仁故能愛安土敦仁者万物之情也物順其情則仁功贍矣○贍涉豔反範圍天地之化而不過範圍者擬範天地而周備其理也○範圍鄭云範法也馬王肅張作犯違張云犯違猶裁成也曲成萬物而不遺曲成者乘變以應物不係一方者也則物宜得矣通乎晝夜之道而知通幽明之故則无不知也○而知如字荀爽荀柔之明儕紹音智故神无方而易无體自此以上皆言神之所爲也方體者皆係於形器者也神則陰陽不測易則唯變所適不可以一方一體明○上時掌反一陰一陽之謂道道者何无之稱也无不通也无不由也況之曰道寂然无體不可爲象必有之用極而无之功顯故至乎神无方而易无體而道可見矣故窮變以盡神因神以明道陰陽雖殊无一以待之在陰爲无陰陰以之生在陽爲无陽陽以之成故曰一陰一陽也○稱尺證反下章注同繼之者善也成之者性也仁者見之謂之仁知者見之謂之知仁者資道以見其仁知者資道以見其知各盡其分○知音智下之知注知者其知仁知並同分符問反百姓日用而不知故君子之道鮮矣君子體道以爲用也仁知則滯於所見百姓則日用而不知體斯道者不亦鮮矣故常无欲以觀其妙始可以語至而言極也○鮮悉淺反注同師說云盡也鄭作尟馬鄭王肅云少也

顯諸仁藏諸用衣被万物故曰顯諸仁日用而不知故曰藏諸用○藏才剛反鄭作臧云善也衣於既反被皮寄反鼓萬物而不與聖人同憂萬物由之以化故曰鼓万物也聖人雖體道以為用未能全无以為體故順通天下則有經營之功也○則有經營之功也本无功字一本功作迹盛德大業至矣哉夫物之所以通事之所以理莫不由乎道也聖人功用之母體同乎道盛德大業所以能至富有之謂大業廣大悉備故曰富有日新之謂盛德體化合變故曰日新生生之謂易陰陽轉易以成化生成象之謂乾擬乾之象○成象蜀才作盛象效法之謂坤效坤之法○效法胡孝反馬韓如字云效也蜀才作效極數知來之謂占通變之謂事物窮則變變而通之事之所由生也陰陽不測之謂神神也者變化之極妙万物而為言不可以形詰者也故曰陰陽不測嘗試論之曰原夫兩儀之運万物之動豈有使之然哉莫不獨化於大虛欻爾而自造矣造之非我理自玄應化之无主數自冥運故不知所以然而況之神是以明兩儀以太極為始言變化而稱極乎神也夫唯知天之所為者窮理體化坐忘遺照至虛而善應則以道為稱不思而玄覽則以神為名蓋資道而同乎道由神而冥於神者也○詰去吉反大音泰下大極同欻況勿反造在早反稱極尺正反為稱天證反夫易廣矣大矣以言乎遠則不禦窮幽極深无所止也○御亦魚呂反以言乎邇則靜而正則近而當○邇本又作迩音尒以言乎天地

之間則備矣夫乾其靜也專其動也直是以大生焉專專一也直剛正也○專如字陸作塼音同夫坤其靜也翕其動也闢是以廣生焉翕斂也止則翕斂其氣動則闢開以生物也乾統天首物為變化之元通乎形外者也坤則順以承陽功盡於已用止乎形者也故乾以專直言乎其材坤以翕闢言乎其形○翕虛級反闢婢亦反廣大配天地變通配四時陰陽之義配日月易簡之善配至德易之所載配此四義○易簡音以豉反子曰易其至矣乎夫易聖人所以崇德而廣業也窮理入神其德崇也兼濟万物其業廣也知崇禮卑知以崇為貴禮以卑為用○知音智注同禮蜀才作體卑必彌反本亦作埤徐音婢下同崇效天卑法地極知之崇象天高而統物備禮之用象地廣而載物也天地設位而易行乎其中矣天地者易之門戶而易之為義兼周萬物故曰行乎其中矣成性存存道義之門物之存成由乎道義也聖人有以見天下之賾而擬諸其形容象其物宜乾剛坤柔各有其體故曰擬諸形容○賾仕責反下同九家作冊京作嘖云情也是故謂之象聖人有以見天

下之動而觀其會通以行其典禮（典禮適時之所用○典禮京作等禮姚作典體）繫辭焉以斷其吉凶是故謂之爻言天下之至賾而不可惡也言天下之至動而不可亂也（易之爲書不可遠也惡之則逆於順錯之則乖於理○以斷丁亂反下注同惡也於嫁反荀作亞亞次也又烏路反馬鄭烏洛反並通言天下之至動衆家本並然鄭本作至賾云賾當爲動九家亦作冊遠袁萬反惡之烏路反錯七各反）擬之而後言議之而後動擬議以成其變化（擬議以動則盡變化之道○議陸姚桓玄荀柔之作儀盡津忍反）鳴鶴在陰其子和之我有好爵吾與爾靡之（鶴鳴則子和脩誠則物應我有好爵與物散之物亦以善應也明擬議之道繼以斯義者誠以吉凶失得存乎所動同乎道者道亦得之同乎失者失亦違之莫不以同相順以類相應動之斯來綏之斯至鶴鳴于陰氣同則和出言戶庭千里或應出言猶然況其大者乎千里或應況其邇者乎故夫憂悔吝者存乎纖介定失得者慎於樞機是以君子擬議以動慎其微也○和胡卧反注同靡本又作縻亡池反徐又亡彼反京作劘）子曰君子居其室出其言善則千里之外應之況其邇者乎居其室出其言不善則千里之外違之況其邇者乎言出乎身加乎民行

發乎邇見乎遠言行君子之樞機樞機制動之主○行下孟反下同見賢遍反樞尺朱反王寘云戶樞也一云門曰機王寘云弩牙也樞機之發榮辱之主也言行君子之所以動天地也可不慎乎同人先號咷而後笑子曰君子之道或出或處或默或語二人同心其利斷金同人終獲後笑者以有同心之應也夫所況同者豈係乎一方哉君子出處語默不違其中則其跡雖異道同則應○號戶羔反咷道羔反默亡北反字或作嘿斷丁亂反王肅丁管反同心之言其臭如蘭初六藉用白茅无咎○臭昌又反藉在夜反下同茅卯交反无咎或以此爲別章今不用子曰苟錯諸地而可矣藉之用茅何咎之有慎之至也夫茅之爲物薄而用可重也慎斯術也以往其无所失矣勞謙君子有終吉子曰勞而不伐有功而不德厚之至也語以其功下人者也德言盛禮言恭謙也者致恭以存其位者也亢龍有悔子曰貴而无位高而无民賢人在下位而无輔是以動而有悔

也不出户庭无咎子曰亂之所生也則言語以爲階君不密則失臣臣不密則失身幾事不密則害成是以君子慎密而不出也子曰作易者其知盜乎言盜亦乘釁而至也○銷七故反本亦作措直勇反慎斯術也時震反鄭干同一本作順師用義鄭云術道不德鄭陸蜀才作置鄭云置當爲德下遐嫁反後同階姚作機作易者本又云爲易者釁許覲反易曰負且乘致寇至負也者小人之事也乘也者君子之器也小人而乘君子之器盜思奪之矣上慢下暴盜思伐之矣慢藏誨盜冶容誨淫易曰負且乘致寇至盜之招也○致寇至徐或作戎宋衷云戎誤乘如字一讀乘證反藏才浪反誨如字教也虞作悔謂悔恨冶音也鄭陸虞姚王肅作野言妖野容儀教誨淫泆也王肅云作野音也

大衍之數五十其用四十有九王弼曰演天地之數所賴者五十也其用四十有九則其一不用也不用而用以之通非數而數以之成斯易之大極也四十有九數之極也夫无不可以无明必因於有故常於有物之極而必明其所由之宗也○衍以善反又注演同鄭云衍演也干云合也王廙蜀才云廣也大音泰分而爲二以象兩掛一以象三揲

之以四以象四時歸奇於扐以象閏五歲再閏故再扐而後掛（奇況四揲之餘不足復揲者也分而爲二既揲之餘合掛於一故曰再扐而後掛凡閏十九年七閏爲一章五歲再閏者二故略舉其凡也○掛卦買反別也王肅音卦揲時設反又案揲猶數也説文云閱持也一音思頰反徐音息列反鄭云取奇也紀宜反注下同扐郎得反下同馬云指間也荀柔之云別也後掛京作卦云再扐而後布卦）天數五（五奇也）地數五（五耦也）五位相得而各有合（天地之數各五五數相配以合成金木水火土）天數二十有五（五奇合爲二十五）地數三十（五耦合爲三十）凡天地之數五十有五此所以成變化而行鬼神也（變化以此成鬼神以此行）乾之策二百一十有六（陽爻六一爻三十六策六爻二百一十六策○策初革反字亦作筴）坤之策百四十有四（陰爻六一爻二十四策六爻一百四十四策）凡三百有六十當期之日二篇之策萬有一千五百二十當萬物之數也（二篇三百八十四爻陰陽各半合万一千五百二十策○當如字下同期本又作朞音基同）是故四營而成易（分而爲二以象兩一營也掛一以象三二營也揲之以四三營也歸奇於扐四營也）十有八變而成卦八卦而小成引而伸之（伸之六十四卦○伸本又作信音身）觸類而長之天下

之能事畢矣顯道顯明也○長丁丈反神德行由神以成其用○行下孟反是故可與酬酢可與祐神矣可與應對萬物之求助成神化之功也酬酢猶應對也○酬市由反酢在洛反京作醋佑音又配也荀作侑子曰知變化之道者其知神之所爲乎夫變化之道不爲而自然故知變化者則知神之所爲易有聖人之道四焉以言者尚其辭以動者尚其變以制器者尚其象以卜筮者尚其占此四者存乎器象可得而用也○聖人之道明僧作君子之道以言者下三句无以字一本四句皆有是以君子將有爲也將有行也問焉而以言其受命也如響无有遠近幽深遂知來物非天下之至精其孰能與此參伍以變錯綜其數通其變遂成天地之文極其數遂定天下之象非天下至變其孰能與於此易无思也无爲也寂然不動感而遂通天下之故非天下之至神其孰能與於此夫非忘象者則无以制象非遺數者无以極數至精者无籌策而不可亂至變者體一而无不周至神者寂然而无不應斯蓋功用之母象數所由立故曰非

至精至變至神則不得與於斯也○嚮許兩反又作鄉與並音預下注同參七南反錯七各反綜宗統反天地之文一本作天下虞陸本作之爻籌直周反

夫易聖人所以極深而研幾也唯深也故能通天下之志唯幾也故能成天下之務極未形之理則曰深適動微之會則曰幾○研蜀才作揅幾如字本或作機鄭云機當作幾幾微也唯神也故不疾而速不行而至子曰易有聖人之道四焉者此之謂也四者由聖道以成故曰聖人之道

天一地二天三地四天五地六天七地八天九地十易以極數通神明之德故明易之道先舉天地之數也

子曰夫易何為者也夫易開物成務冒天下之道如斯而已者也冒覆也言易通萬物之志成天下之務其道可以覆冒天下也○夫易開物成務一本无夫易二字開王肅作闓音同冒莫報反注同

是故聖人以通天下之志以定天下之業以斷天下之疑是故蓍之德圓而神卦之德方以知圓者運而不窮方者止而有分言蓍以圓象神卦以方象知也唯變所適无數不周故曰圓卦列爻分各有其體故曰方也○斷丁亂反下二章同蓍音尸圓本又作員音同知音智注同下知以藏知注神知皆同有分符問反六爻之義易

以貢貢告也六爻變易以告吉凶○易以豉反韓音以謂變易以貢如字京陸虞作工荀作功聖人以此洗心
洗濯萬物之心○洗劉獻悉殄反盡也王肅韓悉礼反京荀虞董張蜀才作先石經同濯直角反退藏於密言其道深
微方物日用而不能知其原故曰退藏於密猶藏諸用也吉凶與民同患表吉凶之象以同民所憂患之事故曰吉凶与
民同患也神以知來知以藏往明著卦之用同神知也著定數於始於卦為來卦成象於終於著為往往來之
用相成猶神知也○藏如字劉作臧善也其孰能與於此哉古之聰明叡知神武
而不殺者夫服萬物而不以威刑也○與音預殺馬鄭王所戒反師同徐所例反陸韓如字夫音符下同是以
明於天之道而察於民之故是興神物以前民用定吉凶於始也
聖人以此齊戒洗心曰齊防患曰戒○齊側皆反注同以神明其德夫是故闔
戶謂之坤坤道包物○以神明其德夫荀虞與總句衆皆以夫字為下句一本无夫字闔胡臘反闢戶謂之
乾乾道施生○施始豉反一闔一闢謂之變往來不窮謂之通見乃
謂之象兆見曰象形乃謂之器成形曰器制而用之謂之法利用
出入民咸用之謂之神是故易有大極是生兩儀夫有必始

於无故大極生兩儀也大極者无稱之稱不可得而名取其有之所極況之大極者也○是故易有大極大音泰注同大極无也馬云北辰也王肅玄此章首獨言是故者揔衆章之意稱並尺證反兩儀生四象四象生八卦卦以象之八卦定吉凶八卦既立吉凶可定吉凶生大業既定吉凶則廣大悉備是故法象莫大乎天地變通莫大乎四時懸象著明莫大乎日月崇高莫大乎富貴位所以一天下之動而濟萬物○懸音玄備物致用立成器以爲天下利莫大乎聖人探賾索隱鉤深致遠以定天下之吉凶成天下之亹亹者莫大乎蓍龜是故天生神物聖人則之天地變化聖人效之天垂象見吉凶聖人象之河出圖洛出書聖人則之易有四象所以示也繫辭焉所以告也定之以吉凶所以斷也易曰自天祐之吉无不利子曰祐者助也天之所助者順也人之所助者信也履信思乎順又以尚賢也是以自天祐之吉无不利也子

曰書不盡言言不盡意然則聖人之意其不可見乎子
曰聖人立象以盡意設卦以盡情僞繫辭焉以盡其言
變而通之以盡利[極變通之數則盡利也故曰易窮則變變則通通則久也○揲吐南反賾九家作冊索色白反亹亡偉反莫大乎蓍龜本亦作亹善見吉賢遍反出如字又尺遂反下同洛王肅作雒漢家以火德王故從各隹又以尚賢也鄭本作有以盡如字文津忍反下同]鼓之舞之以盡神乾坤其易之緼邪[緼淵奧也○緼紆粉反徐於憤反王肅又於問反之奥烏報反]乾坤成列而易立乎其中矣乾坤毀則无以見
易易不可見則乾坤或幾乎息矣是故形而上者謂之
道形而下者謂之器化而裁之謂之變[因而制其會通適變之道也○上時掌反]
推而行之謂之通[乘變而往者无不通也]舉而錯之天下之民謂之
事業[事業所以濟物故舉而錯之於民○錯七故反注同本又作措]是故夫象聖人有以見天
下之賾而擬諸其形容象其物宜是故謂之象聖人有
以見天下之動而觀其會通以行其典禮繫辭焉以斷

其吉凶是故謂之爻極天下之賾者存乎卦鼓天下之動者存乎辭辭爻辭也爻以鼓動效天下之動也○之賾本亦作之至賾化而裁之存乎變推而行之存乎通神而明之存乎其人體神而明之不假於象故存乎其人○裁音才本又作財默而成之不言而信存乎德行德行賢人之德行也順足於內故默而成之也體與理會故不言而信也○默而成之本或作默而成行下孟反

周易卷第七

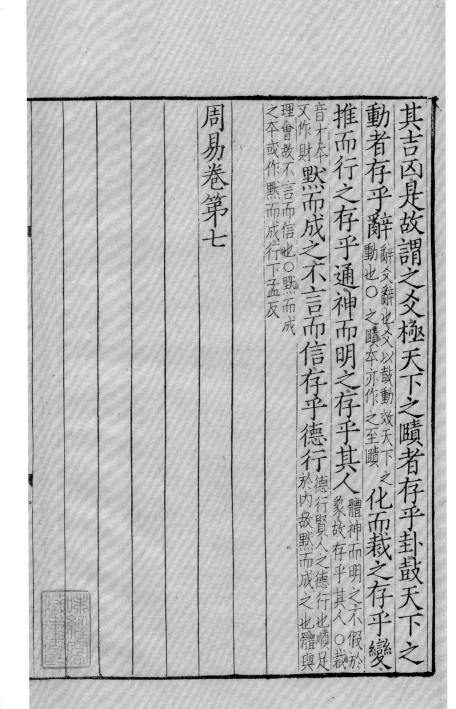

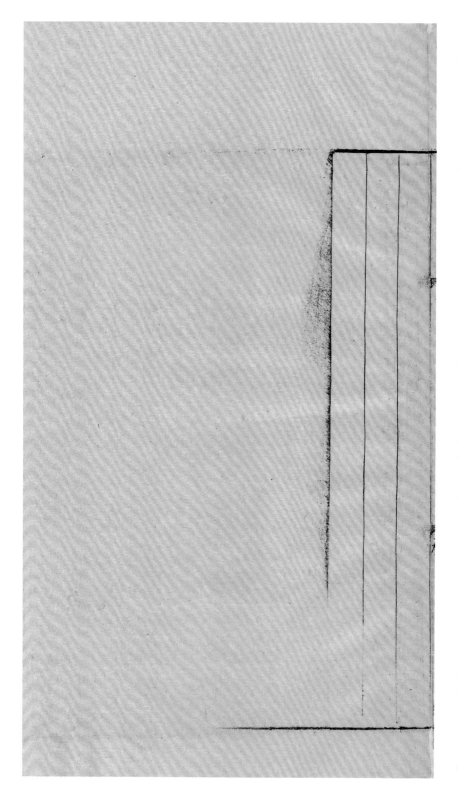

周易繫辭卷第八

韓康伯注

八卦成列象在其中矣備天下之象也因而重之爻在其中矣夫八卦備天下之理而未極其變故因而重之以象其動用擬諸形容以明治亂之宜觀其所應以著適時之功則爻卦之義所存各異故爻在其中矣○重直龍反治直吏反剛柔相推變在其中矣繫辭焉而命之動在其中矣剛柔相推況八卦相盪或否或泰繫辭焉而斷其吉凶況之六爻動以適時者也立卦之義則見於彖象適時之功則存之爻辭王氏之例詳矣○繫音係卷內同命孟作明否備鄙反斷丁亂反見賢遍反下注皆同吉凶悔吝者生乎動者也有變動而後有吉凶剛柔者立本者也變通者趣時者也立本況卦趣時況爻○趣七樹反吉凶者貞勝者也貞者正也一也夫有動則未免乎累殉吉則未離乎凶盡會通之變而不累於吉凶者其唯貞者乎老子曰王侯得一以為天下貞万變雖殊可以執一御也○貞勝姚本作貞稱累劣偽反殉辭俊反後同離力智反盡津忍反下同天地之道貞觀者也明夫天地万物莫不保其貞以全其用也○觀官煥反又音官日月之道貞明者也天下之動貞夫一者也夫乾確然示人易矣夫坤隤然示人簡矣確剛貌也隤柔貌也乾坤皆恒一其德物由以成故簡易也○夫音符確苦角反說文云高至易以

鼓反下同隤大回反孟作退陸董姚作妥爻也者效此者也象也者像此者也爻象動乎內兆數見於卦也○像音象吉凶見乎外失得驗於事也功業見乎變功業由變以興故見乎變也聖人之情見乎辭辭也者各指其所之故曰情也天地之大德曰生施生而不為故能常生故曰大德也○施始豉反聖人之大寶曰位夫无用則无所寶有用則有所寶也无用而常足者莫妙乎道有用而弘道者莫大乎位故曰聖人之大寶曰位○大寶孟作保何以守位曰仁何以聚人曰財財所以資物生也○曰人王肅下伯王桓玄明僧紹作仁理財正辭禁民為非曰義○禁音金又金鴆反

古者包犧氏之王天下也仰則觀象於天俯則觀法於地觀鳥獸之文與地之宜聖人之作易无大不極无微不究大則取象天地細則觀鳥獸之文與地之宜也○包本又作庖白交反鄭云取也孟京作伏伏服也犧許宜反字又作羲鄭云鳥獸全具曰犧孟京作戲云戲化也包犧氏大皞三皇之最先王于況反究九又反近取諸身遠取諸物於是始作八卦以通神明之德以類萬物之情作結繩而為罔罟以佃以漁蓋取

諸離離麗也罔罟之用必審物之所麗也魚麗于水獸麗于山○為罟音古姚云猶网也黄本作為网罟云取獸曰网取魚曰罟佃音田本亦作田漁音魚本亦作魚文言庶反馬云取獸曰佃取魚曰漁包犧氏没神農氏作斲木為耜揉木為耒耒耨之利以教天下蓋取諸益制器致豐以益于物○斲陟角反耜音似京云耒下耓也陸云廣五寸耓音勑丁反耒力對反京云耜上句木也說文云耜曲木垂所作字林同力佳反徐力猥反垂造作也本或揉木為之耒耨非耨奴豆反馬云鉏也孟云耘除草日中為市致天下之民聚天下之貨交易而退各得其所蓋取諸噬嗑噬嗑合也市人之所聚異方之所合設法以合物噬嗑之義也○為市世本云祝融為市宋衷云顓頊臣也說文云市時止反噬市制反嗑胡臘反解佳賣反神農氏没黄帝堯舜氏作通其變使民不倦通物之变故樂其器用不懈倦也神而化之使民宜之易窮則變變則通通則久通变則无窮故可久○易窮則变变則通通則久一本作易窮則变通則久是以自天祐之吉無不利黄帝堯舜垂衣裳而天下治蓋取諸乾坤垂衣裳以辨貴賤乾尊坤卑之義也○祐音又本亦作佑治直吏反章末同以辨一本作別彼列反刳木為舟剡木為楫舟楫之利以濟不通致遠以利天

下蓋取諸渙渙者乘理以散動也○刳本又作挎口孤反徐又口溝反剡以冉反本亦作掞楫本又作檝將輒反下同徐音集又
子入反方言云楫謂之橈或謂之櫂說文云檝舟櫂也致遠以利天下一本无此句渙音喚服牛乘馬引重致
遠以利天下蓋取諸隨隨隨宜也服牛乘馬隨物所之各得其宜○一本无以利天下一句重門
擊柝以待暴客蓋取諸豫取其備豫○重直龍反柝他洛反馬云兩木相擊以行夜說文作㯤同字林他
各反暴白報反鄭作虣斷木為杵掘地為臼臼杵之利萬民以濟蓋
取諸小過以小用而濟物也○斷丁緩反又徒緩反斷絶杵昌呂反掘其月反又其勿反臼求酉反弦木為弧
剡木為矢弧矢之利以威天下蓋取諸睽睽乖也物乖則爭興弧矢之用所以
威乖爭也○弧音胡說文云木弓剡以冉反字林云銳也因冉反睽苦圭反又音圭爭爭鬬之爭下同上古穴居而野
處後世聖人易之以宮室上棟下宇以待風雨蓋取諸
大壯宮室壯大於穴居故制為宮室取諸大壯也古之葬者厚衣之以薪葬之中野
不封不樹喪期無數後世聖人易之以棺椁蓋取諸大
過取其過厚○衣於旣反喪期並如字數色具反棺音官椁音郭上古結繩而治後世聖人易

之以書契百官以治萬民以察蓋取諸夬夬決也書契所以決斷萬事也○治直吏反下同契苦計反斷都亂反是故易者象也象也者像也彖者材也材才德也彖言成卦之材以統卦義也○像今衆本並云像擬也孟京虞董姚遂作象擬音魚紀反爻也者效天下之動者也是故吉凶生而悔吝著也陽卦多陰陰卦多陽其故何也陽卦奇陰卦耦夫少者多之所宗一者衆之所歸陽卦二陰故奇為之君陰卦二陽故耦為之主○奇紀宜反注同其德行何也辨陰陽二卦之德行也○行下孟反下同陽一君而二民君子之道也陰二君而一民小人之道也陽君道也陰臣道也君以無為統衆無為則一也臣以有事代終有事則二也故陽爻畫奇以明君道必一陰爻畫兩以明臣體必二斯則陰陽之數君臣之辨也以一為君君之德也二居君位非其道也故陽卦曰君子之道也陰卦曰小人之道也○畫音獲下同易曰憧憧往來朋從爾思天下之動必歸乎一思以求朋未能一也一以感物不思而至也○憧憧本又作[illegible]昌容反子曰天下何思何慮天下同歸而殊塗一致而百慮天下何思何慮夫少則得多則惑塗雖殊其歸則同慮雖百其致不二苟

識其要不在博求一以貫之不慮而盡矣○貫古亂反

日往則月來月往則日來日月相推而明生焉寒往則暑來暑往則寒來寒暑相推而歲成焉往者屈也來者信也屈信相感而利生焉尺蠖之屈以求信也龍蛇之蟄以存身也精義入神以致用也

精義物理之微者也神寂然不動感而遂通故能乘天下之微會而通其用也○屈丘勿反下同信本又作伸同音申下同韋昭漢書音義云古伸字蠖紆縛反蟲名也徐又烏郭反蛇本又作虵同蟄直立反存身本亦作全身

利用安身以崇德也

利用之道皆安其身而後動也精義由於入神以致其用利用由於安身以崇其德理必由乎其宗事各本乎其根歸根則寧天下之理得也若役其思慮以求動用忘其安身以殉功美則僞彌多而理愈失名彌美而累愈彰矣○思息吏反累劣僞反

過此以往未之或知也窮神知化德之盛也易曰困于石據于蒺藜入于其宮不見其妻凶子曰非所困而困焉名必辱非所據而據焉身必危既辱且危死期將至妻其可得見邪易曰公用射隼于高墉之上獲之無不利子曰隼者禽也弓

矢者器也射之者人也君子藏器於身待時而動何不利之有動而不括是以出而有獲語成器而後動者也括結也君子待時而動則无結閡之患者也○蒺音疾藜音黎下期亦作其射食亦反下注同隼恤允反墉音容括古活反閡五代反子曰小人不耻不仁不畏不義不見利不勸不威不懲小懲而大誡此小人之福也易曰屨校滅趾无咎此之謂也善不積不足以成名惡不積不足以滅身小人以小善爲无益而弗爲也以小惡爲无傷而弗去也故惡積而不可揜罪大而不可解易曰何校滅耳凶子曰危者安其位者也亡者保其存者也亂者有其治者也是故君子安而不忘危存而不忘亡治而不忘亂是以身安而國家可保也易曰其亡其亡繫于包桑子曰德薄而位尊知小而謀大力少而任重鮮不及矣易曰鼎折足覆

公餗其形渥凶言不勝其任也子曰知幾其神乎君子
上交不諂下交不瀆其知幾乎形而上者況之道形而下者況之器於道不冥而有求焉未離
乎諂也於器不絕而有交焉未免乎瀆也能无諂瀆窮理者也○懲直升反屨俱遇反校胡孝反下同趾本亦作止去羌呂反何河可反又音河治
直吏反下同知音智鮮本亦作尠仙善反少也折之設反覆芳六反餗音速馬作粥渥於角反勝音升而上時掌反離力智反幾者動
之微吉之先見者也幾者去無入有理而未形不可以名尋不可以形覩者也唯神也不疾而速感而遂通故
能朗然玄照鑒於未形也合抱之木起於毫末吉凶之彰始於微兆故為吉之先見也○見賢遍反君子見幾而作不
俟終日易曰介于石不終日貞吉介如石焉寧用終日
斷可識矣定之於始故不待終日也○介于徐音戒衆家作介徐云王肅古黠反斷丁亂反注同君子知微
知彰知柔知剛萬夫之望此知幾其神乎子曰顏氏之子其殆庶
幾乎有不善未甞不知知之未甞復行也在理則昧造形而悟顏子之分也失
之於幾故有不善得之於二不遠而復故知之未甞復行也○復扶又反注同造七報反分符問反易曰不遠復无祇
悔元吉吉凶者得失之象也得二者於理不盡未至成形故得不遠而復舍凶之吉免夫祇悔而終獲元吉祇大也○祇韓音祁支反

注同王虞翻嗣音文舍音捨 天地絪縕萬物化醇男女構精萬物化生易曰三人行則損一人一人行則得其友言致一也【致一而後化成也○絪本又作氤同音因縕本又作氳紆云反醇音淳】子曰君子安其身而後動易其心而後語定其交而後求君子脩此三者故全也危以動則民不與也懼以語則民不應也无交而求則民不與也莫之與則傷之者至矣易曰莫益之或擊之立心勿恒凶【夫虛己存誠則衆之所不忤也躁以有求則物之所不與也○易其以豉反忤五路反亦作迕】子曰乾坤其易之門邪乾陽物也坤陰物也陰陽合德而剛柔有體以體天地之撰【撰數也○門邪本又作門戶邪撰仕勉反下章同廣雅云定也王肅士眷反數色柱反】以通神明之德其稱名也雜而不越【備物極變故其名雜也各得其序不相踰越況爻繇之辭也○繇直救反下同服虔云抽也抽出吉凶也韋昭云由也吉凶所由而出也】於稽其類其衰世之意邪【有憂患而後作易世衰則失得彌彰爻繇之辭所以辨失得故知衰世之意邪稽猶考也○稽古兮反】夫易彰往而察來而

微顯闡幽易无往不彰无來不察而微以之顯幽以之闡闡明也○闡音昌善反開而當名辯物正
言斷辭則備矣開釋爻卦使各當其名也理類辯明故曰斷辭也○辯如字徐扶勉反別也斷丁亂反注同其稱
名也小其取類也大託象以明義因小以喻大其旨遠其辭文其言曲
而中變化无恒不可為典要故其言曲而中也○文如字一音問中丁仲反注同其事肆而隱事顯而理微也因
貳以濟民行以明失得之報貳則失得也因失得以通濟民行故明失得之報也失得之報者得其會
則吉乖其理則凶○貳鄭氏謂當為式行下孟反注同易之興也其於中古乎作易者其
有憂患乎无憂患則不為而足也是故履德之基也基所蹈也○蹈徒報反謙德之柄
也復德之本也夫動本於靜語始於默復者各反其所始故為德之本也○柄兵病反恒德之固也固不傾移
也損德之脩也益德之裕也能益物者其德寬大也○脩如字鄭云治也馬作循困德之
辯也困而益明○辯如字王肅卜免反井德之地也所處不移象居得其所也巽德之制也巽所以申
命明制也履和而至和而不至從物者也和而能至故可履也謙尊而光復小而辯於物
微而辯之不遠復也恒雜而不厭雜而不厭是以能恒○厭於豔反注同損先難而後易刻損以脩身故

先難也身脩而无患故後易也○易以豉反注同益長裕而不設有所興爲以益於物故曰長裕因物興務不虛設也○長丁丈反注同困窮而通處窮而不屈其道也井居其所而遷改邑不改井井所居不移而能遷其施者也○施始豉反下同巽稱而隱稱揚命令而百姓不知其由也○稱尺證反又尺升反履以和行謙以制禮復以自知求諸己也○行下孟反恒以一德以一爲德也損以遠害止於修身故可以遠害而已○遠于萬反注同益以興利困以寡怨困而不濫无怨於物○濫力暫反井以辯義施而无私義之方也巽以行權權反經而合道必合乎巽順而後可以行權也○易之爲書也不可遠擬議而動不可遠也○遠馬王肅韓袁萬反注皆同師讀如字爲道也屢遷變動不居周流六虛六虛六位也上下無常剛柔相易不可爲典要不可立定準也○上時掌反章末同唯變所適變動貴於適時趣舍存乎會也○舍音捨其出入以度外內使知懼明出入之度使物知外內之戒也出入猶行藏外內猶隱顯遯以遠時爲吉豐以幽隱致凶漸以高顯爲美明夷以處昧利貞此內外之戒者也○昧音妹又明於憂患與故故事故也無有師保如臨父母安而不忘危存而不忘亡終日乾乾不可以怠也初率其辭而揆其方既有典常能循其辭以度其義原其

初以要其終則准變所適是其常典也明其變者存其要也故曰苟非其
人道不虛行○揆葵癸反其方馬云方道循似倫反度待洛反要一遥反
下文要終同其要於妙反苟非其人道不虛行
易之爲書也原始要終以爲質也質體也卦兼終始之義也六爻相雜唯
其時物也爻各存乎其時物事也其初難知其上易知本末也初辭擬
之卒成之終夫事始於微而後至於著初者數之始擬議其端故難知也上者卦之終事皆成著故易知者也○易以豉反若
夫雜物撰德辯是與非則非其中爻不備噫亦要存亡
吉凶則居可知矣知者觀其彖辭則思過半矣夫彖者舉立象之統
論中爻之義約以存博簡以兼衆雜物撰德而一以貫之形之所宗者道
衆之所歸者一其事彌繁則愈滯乎形其理彌約則轉近乎道彖之爲義
存乎一也一之爲用同乎道矣形而上者可以觀道過半之益不亦宜乎
○撰鄭作算云數也噫於其反王肅於力反辭也馬同亦要一妙反絕句
又一遥反則句至吉凶居馬如字處也師音同鄭王肅音基辭知者音智
彖辭吐貫反馬云彖辭卦辭也鄭云爻辭也周同王肅云彖舉象之要也
師說通謂爻卦之辭也一云即夫子彖辭思息吏
反費古乱反近附近之近下章以近同上時掌反二與四同功同陰功也而
異位有內外也其善不同二多譽二處中和故多譽也四多懼近也位逼於君故多懼也柔之

爲道不利遠者其要无咎其用柔中也（四之多懼以近君也柔之爲道須援而濟故有不利遠者二之能无咎柔而處中也○援于眷反）三與五同功（同陽功也）而異位（有貴賤也）三多凶五多功貴賤之等也其柔危其剛勝邪（三五陽位柔非其位處之則危居以剛健勝其任也夫所貴剛者閑邪存誠動而不違其節者也所貴柔者含弘居中順而不失其貞者也若剛以犯物則非剛之道柔以卑佞則非柔之義也○剛勝升證反一音升勝其音升閑邪似嗟反）

易之爲書也廣大悉備有天道焉有人道焉有地道焉兼三材而兩之故六六者非它也三材之道也（說卦備矣）道有變動故曰爻爻有等故曰物（等類也乾陽物也坤陰物也爻有陰陽之類而後有剛柔之用故曰物）物相雜故曰文（剛柔交錯玄黃相雜）文不當故吉凶生焉易之興也其當殷之末世周之盛德邪當文王與紂之事邪（文王以盛德蒙難而能亨其道故稱文王之德以明易之道也○其當如字下當文王同紂直又反難乃旦反亨許庚反）是故其辭危（文王與紂之事危其辭也）危者使平易者使傾（易慢易也○易以豉反注同）其道甚大

百物不廢懼以終始其要无咎此之謂易之道也 夫文不當而吉凶生則保其存者亡不忘亡者存有其治者亂不忘危者安懼以終始歸於无咎安危之所由文象之大體也○治直吏反

夫乾天下之至健也德行恒易以知險夫坤天下之至順也德行恒簡以知阻能說諸心能研諸侯之慮 諸侯物主有爲者也能說万物之心能精爲者之務○行下孟反下德行同易以豉反下注險易同阻莊呂反說音悅注同

定天下之吉凶成天下之亹亹者是故變化云爲吉事有祥象事知器占事知來 夫變化云爲者行其吉事則獲嘉祥之應觀其象事則知制器之方玩其占事則覩方來之驗也○亹亹亡偉反鄭云沒沒也王肅云勉也

天地設位聖人成能 聖人乘天地之正万物各成其能

人謀鬼謀百姓與能 人謀況議於衆以定失得也鬼謀況寄卜筮以考吉凶也不役思慮而失得自明不勞探射而吉凶自著類万物之情通幽深之故百姓与能樂推而不厭也○思息吏反探吐南反射食亦反厭於豔反

八卦以象告 以象告人

爻彖以情言 辭有險易而各得其情也

剛柔雜居而吉凶可見矣變動以利言 變而通之以盡利也○盡津忍反下同

吉凶以情遷 吉凶无定唯人所動情順乘理以之吉情逆違道以蹈凶故曰吉凶以情遷也

是故愛惡相攻而吉凶生泯然同順何吉何凶愛惡相攻然後逆順者殊故吉凶生○惡烏路反注同鄭烏洛反泯亡忍反遠近相取而悔吝生相取猶相資也遠近之爻互相資取而後有悔吝也情偽相感而利害生情以感物則得利偽以感物則致害也凡易之情近而不相得則凶近況比爻也易之情剛柔相摩變動相適者也近而不相得必有乖違之患或有相違而无患者得其應也相順而皆凶者乘於時也存焉以考之則義可見矣○比毗志反或害之悔且吝夫无對於物而後盡全順之道豈可有欲害之者乎雖能免濟必有悔吝也或欲害之辭也將叛者其辭慙中心疑者其辭枝吉人之辭寡躁人之辭多誣善之人其辭游失其守者其辭屈○枝音支誣音無

周易卷第八

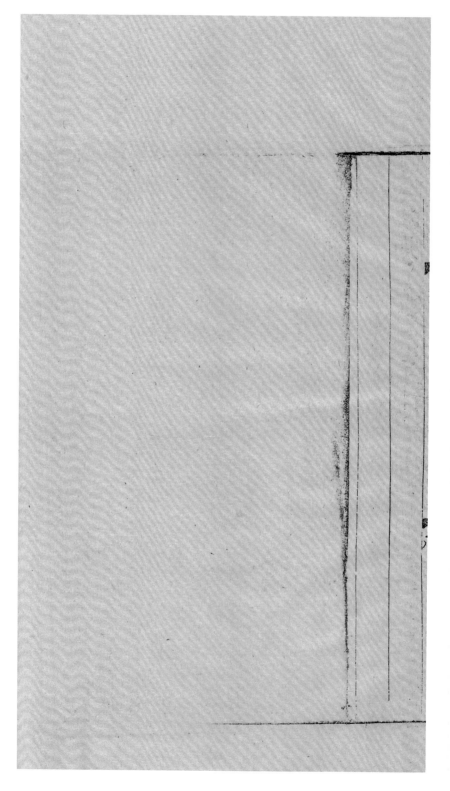

周易說卦第九

韓康伯注

昔者聖人之作易也，幽贊於神明而生蓍

幽深也贊明也蓍受命如嚮不知所以然而然也○贊本作讚子旦反蓍音尸說文云蒿屬生千歲三百莖易以為數天子九尺諸侯七尺大夫五尺士三尺毛詩草木疏云似藾蕭青色科生鴻範五行傳云蓍百年一本生百莖論衡云七十歲生一莖七百歲生十神靈之物故生遲也史記云生滿百莖者其下必有神龜守之其上常有雲氣覆之淮南子云上有叢蓍下有伏龜嚮音香兩反本又作嚮

參天兩地而倚數

參奇也兩耦也七九陽數六八陰數○參七南反如字音三天或作夫者非倚於綺反馬云依也王肅其綺反云立也虞同蜀才作奇通數色具反奇紀宜反

觀變於陰陽而立卦

卦象也蓍數也卦則雷風相薄山澤通氣擬象陰陽變化之躰蓍則錯綜天地參兩之數蓍極數以定象卦備象以盡數故蓍曰參天兩地而倚數卦曰觀变於陰陽也○觀变一本作觀变化

發揮於剛柔而生爻

剛柔發散变動相生○揮音輝鄭云揚也

和順於道德而理於義

易所以和天道明地德理行義也

窮理盡性以至於命

命者生之極窮理則盡其極也○盡津忍反

昔者聖人之作易也，將以順性命之理，是以立天之道曰陰與陽，立地之道曰柔與剛

在天成象在地成形陰陽者言其氣剛柔者言其形变化始於

氣象而後成形萬物資始乎天成形乎地故天曰陰陽地曰柔剛也或有在形而言陰陽者本其始也在氣而言柔剛者要其終也○要一遥反
立人之道曰仁與義兼三才而兩之故易六畫而成卦
分陰分陽迭用柔剛故易六位而成章設六爻以效三才之動故六畫而成卦也六位爻所處之位也二四爲陰三五爲陽故曰分陰分陽六爻升降或柔或剛故曰迭用柔剛也○迭田節反六位本又作六畫天地
定位山澤通氣雷風相薄水火不相射八卦相錯數往
者順知來者逆易八卦相錯變化理備於往則順而知之於來則逆而數之○薄旁各反陸云相附薄也馬鄭顧云薄入也射食亦反虞陸董姚王肅音亦云猒也數往色具反又色主反而數色主反下文同是故易逆數也作易以逆覩來事以前民用
雷以動之風以散之雨以潤之日以烜之艮以止之兌
以說之○烜况晚反乾也本又作晅徐古鄧反又一音香元反說音悅後皆同乾以君之坤以藏
之帝出乎震齊乎巽相見乎離致役乎坤說言乎兌戰
乎乾勞乎坎成言乎艮萬物出乎震震東方也齊乎巽

巽東南也齊也者言萬物之絜齊也離也者明也萬物皆相見南方之卦也聖人南面而聽天下嚮明而治蓋取諸此也○嚮許亮反治直吏反坤也者地也萬物皆致養焉故曰致役乎坤兌正秋也萬物之所說也故曰說言乎兌戰乎乾乾西北之卦也言陰陽相薄也坎者水也正北方之卦也勞卦也萬物之所歸也故曰勞乎坎艮東北之卦也萬物之所成終而所成始也故曰成言乎艮神也者妙萬物而爲言者也於此言神者明八卦運動變化推移莫有使之然者神則无物妙萬物而爲言也則雷疾風行火炎水潤莫不自然相與爲變化故能萬物旣成也○妙如字王肅作眇音妙董云眇成也動萬物者莫疾乎雷橈萬物者莫疾乎風燥萬物者莫熯乎火說萬物者莫說乎澤潤萬物者莫潤乎水終萬物始萬物者莫盛乎艮故水火相逮雷風不相悖山澤通氣然後能變

化旣成萬物也〇橈乃飽反王乃教反又呼勞反熯王肅云呼但反火氣也徐本作暵音漢云熱暵也說文同盛是政反鄭音成云裹也逮音代一音大計反悖必内反逆也

乾健也坤順也震動也巽入也坎陷也離麗也艮止也兌說也乾爲馬坤爲牛震爲龍巽爲雞坎爲豕離爲雉艮爲狗兌爲羊乾爲首坤爲腹震爲足巽爲股坎爲耳離爲目艮爲手兌爲口乾天也故稱乎父坤地也故稱乎母震一索而得男故謂之長男巽一索而得女故謂之長女坎再索而得男故謂之中男離再索而得女故謂之中女艮三索而得男故謂之少男兌三索而得女故謂之少女〇豕京作彘狗音苟一索色白反下同馬云數也王肅云求長丁丈反下長女長子皆同中丁仲反下同少詩照反下少女皆同

乾爲天爲圜爲君爲父爲玉爲金爲寒爲冰爲大赤爲

良馬爲老馬爲瘠馬爲駁馬爲木果〇圜音圓瘠在亦反下同王廙云健之甚者爲多骨也京荀作柴云多筋幹駁邦角反

坤爲地爲母爲布爲釜爲吝嗇爲均爲子母牛爲大輿爲文爲衆爲柄其於地也爲黑〇釜房甫反吝京作遴嗇音色柄彼病反

震爲雷爲龍爲玄黃爲旉爲大塗爲長子爲決躁爲蒼筤竹爲萑葦其於馬也爲善鳴爲馵足爲作足爲的顙其於稼也爲反生其究爲健爲蕃鮮〇龍如字虞干作駹虞云倉色干云雜色旉王肅音孚干云花之通名鋪爲花皃謂之藪本又作尃如字虞同姚云尃一也鄭市戀反筤音郎或作琅通萑音丸廣雅云適也適音狄葦韋鬼反盧馵主樹反京作朱荀同陽在下的丁歷反說文作馰顙桑黨反的顙白顛反生麻豆之屬反生戴莩甲而出也虞作阪云陵坂也陸云阪當爲反蕃音煩鮮息連反

巽爲木爲風爲長女爲繩直爲工爲白爲長爲高爲進退爲不果爲臭其於人也爲寡髮爲廣顙爲多白眼爲

近利市三倍其究爲躁卦○臭昌又反王肅作爲香臭寡髮如字本又作宣黑白雜爲宣髮廣顙如字鄭作黄
近附近之近倍步罪反究九又反
坎爲水爲溝瀆爲隱伏爲矯輮爲弓輪其於人也爲加
憂爲心病爲耳痛爲血卦爲赤其於馬也爲美脊爲亟
心爲下首爲薄蹄爲曳其於輿也爲多眚爲通爲月爲
盜其於木也爲堅多心○矯紀表反一本作橋同輮如九反王肅奴又反又女九反又如又反馬鄭陸王肅本作
此宋衷王廙作揉宋云使曲者直直者曲爲揉京作柔荀作撓輪姚作倫脊精亦反亟紀力反王肅音去記反荀作極云中也薄蹄旁博反蹄徒低反
曳以制反眚生領反王廙云病
離爲火爲日爲電爲中女爲甲胄爲戈兵其於人也爲
大腹爲乾卦爲鼈爲蟹爲蠃爲蚌爲龜其於木也爲科
上槁○胄直又反乾古丹反鄭云乾當爲幹陽在外能幹正也董作幹鼈卑列反本又作鱉同蟹戶賣反蠃力禾反京作螺姚作蠡蚌步
項反本又作蜯同科苦禾反空也虞作折槁苦老反鄭作槀干作熇

艮爲山爲徑路爲小石爲門闕爲果蓏爲閽寺爲指爲狗爲鼠爲黔喙之屬其於木也爲堅多節○徑古定反果蓏力火反馬云果桃李之屬蓏瓜瓠之屬應劭云木實曰果草實曰蓏說文云在木曰果在地曰蓏張晏云有核曰果无核曰蓏京本作果墮之字閽音昏寺如字徐音侍亦作閹字黔其廉反徐音禽王肅其嚴反鄭作黚謂虎豹之屬貪冐之類喙況廢反徐丁遺反爲堅多節一本无堅字

兌爲澤爲少女爲巫爲口舌爲毀折爲附決其於地也爲剛鹵爲妾爲羊○巫亡符反決如字徐音穴鹵力杜反鹹土也羊虞作羔此六子依求索而爲次第也本亦有以三男居前三女後從乾健也章至此韓无注或有注者非也荀爽九家集解本乾後更有四爲龍爲直爲衣爲言巛後有八爲牝爲迷爲方爲囊爲裳爲黃爲帛爲漿震後有三爲王爲鵠爲鼓巽後有二爲楊爲鸛坎後有八爲宮爲律爲可爲棟爲叢棘爲狐爲蒺藜爲桎梏離後有一爲牝牛艮後有三爲鼻爲虎爲狐兌後有二爲常爲輔頰注云常西方神也不同故記之於此

周易序卦第十

有天地然後萬物生焉盈天地之間者唯萬物故受之以屯屯者盈也屯者物之始生也屯剛柔始交故爲物之始生也物生必蒙

故受之以蒙蒙者蒙也物之穉也物穉不可不養也故受之以需需者飲食之道也飲食必有訟故受之以訟夫有生則有資有資則爭興也○穉直吏反本或作稚爭爭鬭之爭下同訟必有衆起故受之以師師者衆也衆必有所比故受之以比衆起而不比則爭无由息必相親比而後得寧也○比音毗志反下注皆同比者比也比必有所畜故受之以小畜比非大通之道則各有所畜以相濟也由比而畜故曰小畜而不能大也○畜敕六反本亦作蓄下及雜卦同物畜然後有禮故受之以履履者礼也礼所以適用也故既畜則宜用有用則須礼也履而泰然後安故受之以泰泰者通也物不可以終通故受之以否物不可以終否故受之以同人否則思通人人同志故可出門同人不謀而合○否備鄙反下同與人同者物必歸焉故受之以大有有大者不可以盈故受之以謙有大而能謙必豫故受之以豫豫必有隨順以動者衆之所隨故受之以隨以喜隨人者必有事故受之以蠱蠱者事也有

事而後可大（可大之業由事而生）故受之以臨臨者大也物大然後可觀故受之以觀可觀而後有所合故受之以噬嗑（可觀則異方合會也○以觀官喚反）嗑者合也物不可以苟合而已故受之以賁賁者飾也（物相合則須飾以脩外也）致飾然後亨則盡矣故受之以剝（極飾則實喪也○亨許庚反鄭許兩反徐音向同喪息浪反）剝者剝也物不可以終盡剝窮上反下故受之以復復則不妄矣故受之以无妄有无妄然後可畜故受之以大畜物畜然後可養故受之以頤頤者養也不養則不可動故受之以大過（不養則不可動養過則厚）物不可以終過故受之以坎坎者陷也（過而不已則陷沒也）陷必有所麗故受之以離離者麗也（物窮則變極陷則反所麗也）

有天地然後有萬物有萬物然後有男女有男女然後有夫婦有夫婦然後有父子有父子然後有君臣有君臣然後有上下有上下然後禮義有所錯（言咸卦之義也凡序卦所明非易之

緼也蓋因卦之次託以明義咸柔上而剛下感應以相與夫婦之象莫美乎斯人倫之道莫大乎夫婦故夫子殷勤深述其義以崇人倫之始而不係之於離也先儒以乾至離爲上經天道也咸至未濟爲下經人事也夫易六畫而成卦三材必備錯綜天人以效變化豈有天道人事偏於上下哉斯蓋守文而不求義失之遠矣○錯七各反注同徐七路反緼紆粉反本又作蘊

夫婦之道不可以不久也故受之以恒恒者久也物不可以久居其所故受之以遯遯者退也夫婦之道以恒爲貴而物之所居不可以恒宜與世升降有時而遯也物不可以終遯遯君子以遠小人遯而後亨何可終邪則小人遂陵君子曰消也○遠袁万反故受之以大壯陽盛陰消君子道勝物不可以終壯故受之以晉晉以柔而進也晉者進也雖以柔而進要是進也進必有所傷故受之以明夷日中則昃月盈則食夷者傷也傷於外者必反於家故受之以家人傷於外必反脩諸內家道窮必乖室家至親過在失節故家人之義唯嚴與敬樂勝則流禮勝則離家人尚嚴其蔽必乖也故受之以睽睽者乖也乖必有難故受之以蹇蹇者難也物不可以終難故受之以解解者緩也緩必有所失故受之以損損而不已必益故受之以益益

而不已必決益而不已則盈故必決也○難乃旦反下同解音蟹故受之以夬夬者決也決必有遇以正決邪必有嘉遇也○邪似嗟反故受之以姤姤者遇也物相遇而後聚故受之以萃萃者聚也聚而上者謂之升故受之以升升而不已必困故受之以困困乎上者必反下故受之以井井道不可不革井久則濁穢宜革易其故○上時掌反故受之以革革物者莫若鼎故受之以鼎革去故鼎取新既以去故則宜制器立法以治新也鼎所以和齊生物成新之器也故取象焉○去起呂反下同和胡卧反又如字齊才細反又如字主器者莫若長子故受之以震震者動也物不可以終動動必止之故受之以艮艮者止也物不可以終止故受之以漸漸者進也進必有所歸故受之以歸妹得其所歸者必大故受之以豐豐者大也窮大者必失其居故受之以旅旅而無所容故受之以巽旅而無所容以巽則得所入也○長丁丈反巽者入也入而後

說之故受之以兌兌者說也說而後散之故受之以渙說不可偏係故宜散也○說音悅下及注同渙者離也渙者發暢而無所壅滯則殊趣各肆而不反則遂乖離也物不可以終離故受之以節夫事有其節則物之所同守而不散越也節而信之故受之以中孚孚信也既已有節則宜信以守之有其信者必行之故受之以小過守其信者則失貞而不諒之道而以信為過故曰小過也有過物者必濟行過乎恭禮過乎儉可以矯世厲俗有所濟也○行下孟反故受之以既濟物不可窮也故受之以未濟終焉有為而能濟者以已窮物者也物窮則乖功極則亂其可濟乎故受之以未濟也

周易雜卦第十一雜卦者雜糅衆卦錯綜其義或以同相類或以異相明也○雜卦孟云雜亂也糅女又反

乾剛坤柔比樂師憂親比則樂動衆則憂○比毗志反下同樂音洛注同臨觀之義或與或求以我臨物故曰與物來觀我故曰求○觀古亂反屯見而不失其居屯利建侯君子經綸之時雖見而盤桓利貞不失其居也○見賢遍反注及下皆同鄭如字綸本又作論音倫又力門反蒙雜而著雜者未知所定也求發其蒙則終得所定著定也震起也艮止也損益盛衰之始也極損則益極益則損

大畜時也因時而畜故能大也無妄災也无妄之世妄則災也萃聚而升不來也來還也方在上升故不還也○上時掌反下文離上并注同謙輕而豫怠也謙者不自重也○怠如字姚同京作治虞作怡噬嗑食也賁无色也飾貴合衆无定色也兌見而巽伏也兌貴顯說巽貴卑退隨無故也蠱則飭也隨時之宜不繫於故也隨則有事受之以蠱飭整治也蠱所以整治其事也○飭音勑注同鄭本王肅作飾剥爛也物熟則剥落也○爛老旦反復反也晉晝也明夷誅也誅傷也○晝竹又反誅荀云誅滅也井通而困相遇也井物所通用而不吝也困安於所遇而不濫也咸速也物之相應莫速乎咸恒久也渙離也節止也解緩也蹇難也睽外也相疏外也○解音蟹難乃旦反家人內也否泰反其類也大壯則止遯則退也大正則小人止小人亨則君子退大有衆也同人親也革去故也鼎取新也小過過也中孚信也豐多故也高者懼危滿者戒盈豐大者多憂故也○衆荀作終去起呂反豐多故衆家以此絕句親寡旅也親寡故寄旅也○荀本豐多故親絕句寡旅也別為句離上而坎下也火炎上水潤下小畜寡也不足以兼濟也履不處也王弼云履卦陽爻皆以不處其位為吉也

需不進也畏險而止也訟不親也大過顛也本末弱也遘遇也柔遇剛也漸女歸待男行也女從男也頤養正也既濟定也歸妹女之終也女終於出嫁也未濟男之窮也剛柔失位其道未濟故曰窮也夬決也剛決柔也君子道長小人道憂也君子以決小人長其道小人見決去為深憂也○長丁丈反

周易卷第九

周易略例 并叙　唐四門助教邢璹注

原夫兩儀未位神用藏於視聽一氣化矣至賾隱乎名言於是河龍負圖犧皇畫卦仰觀俯察遠物近身八象窮天地之情六位備剛柔之體言大道之妙有一陰一陽論聖人之範圍顯仁藏用寔三元之胎祖鼓舞財成爲萬有之蓍龜知來藏往是以孔丘三絶未臻樞奧劉安九師尚迷宗旨自舞象之年鼓篋鱣序漁獵墳典偏習周易研窮耽玩無舍寸陰是知卦之紀綱周文王之言略矣彖象之吉凶孔仲尼之論備矣至如王輔嗣略例大則揔一部之指歸小則明六爻之得失承乘逆順之理應變情僞之端用有行藏辭有險易觀之者可以經緯天地探測鬼神匡濟邦家推辟咎悔雖人非上聖亦

近代一賢臣謹依其文輒爲注解雖不足敷弘易道庶幾有裨於教義亦猶螢爝增輝於大陽涓流助深於巨壑臣之志也敢不上聞

周易略例第十

（略例者舉釋綱目之名統明大理之稱略不具也例舉並也然以先儒注易二十餘家雖小有異同而迭相祖述雖比王氏所見特殊故作略例二篇以辯諸家之惑錯綜文理具錄之也○此是輔嗣所作既釋經文故相承講之今亦隨世音焉或有題爲第十者後人輒加之耳）

王弼注

明彖

夫彖者何也（將釋其義故假設問端故曰何）統論一卦之體明其所由之主者也（統論一卦功用之體明辯也辯卦體功用所由之主立主之義義在一爻明辯也）夫衆不能治衆治衆者至寡者也（萬物是衆一是寡衆不能治衆治衆者至少以治之也）夫動不能制動制天下之動者貞夫一者也（天下之動動則不能自制制其動者貞之一者也老子曰王侯得一以爲天下貞然則一爲君體君體合道動是衆由一制也制衆歸一故靜爲躁君安爲動主○動不能制動一本作天地不能制動夫音符後皆同）故

衆之所以得咸存者主必致一也（致由歸也衆得皆存其存有心歸於一故無心於存皆得其存也）動之所以得咸運者原必無二也（動所以運運不已者謂無二動故無心於動而動不息也）物無妄然必由其理（物衆也妄虛妄也天下之衆衆皆无妄无妄之理必由君主統之也）統之有宗會之有元（統領之以宗主會合之以元首）故繁而不亂衆而不惑（統之有宗主雖繁而不亂會之以元首雖衆而不惑）故六爻相錯可舉一以明也（錯雜也六爻或陰或陽錯雜交亂舉貞一之注以明其用）剛柔相乘可立主以定也（六爻有剛有柔或乘或據有逆有順可立主以定之）是故雜物撰德（撰數也雜聚也聚其物體數其德行）辯是與非（辯明也得位而承之是也失位而據之非也）則非其中爻莫之備矣（然則非是中之一爻莫之能備訟彖云訟有孚窒惕中吉剛柔而得中也困彖云貞大人吉以剛中也之例是也）故自統而尋之物雖衆則知可以執一御也（無爲之一者道也君也統而推尋萬物雖殊一之以神道百姓雖衆御之以君主也）由本以觀之義雖博則知可以一名舉也（博廣也本謂君也道也義雖廣舉之在一也）故處璇璣以觀大運則天地之動未足怪也據會要以觀方來則六合

輻湊未足多也天地雖大覩之以旋璣六合雖廣據之以要會天地之運不足怪其大六合輻湊不足稱其多○旋悉全反又作旋璣音機又作機或作幾輻音福湊千豆反故舉卦之名義有主矣觀其彖辭則思過半矣彖揔卦義義主中爻簡易者道也君也道能化物君能御民智者觀之思過其半夫古今雖殊軍國異容中之爲用故未可遠也古今雖變軍國殊別忠貞之用終無跡遠○遠于万反品制萬變宗主存焉彖之所尚斯爲盛矣品變積萬存之在一夫少者多之所貴也寡者衆之所宗也自此已下明至少者爲至多之所主豈在指其中爻而已一卦五陽而一陰則一陰爲之主矣同人履小畜大有之例是也五陰而一陽則一陽爲之主矣師比謙豫復剥之例是也夫陰之所求者陽也陽之所求者陰也王弼曰夫陰陽相求之物以所求者貴也陽苟一焉五陰何得不同而歸之陰苟隻焉五陽何得不同而從之故陰爻雖賤而爲一卦之主者處其至少之地也王氏曰陽貴而陰賤以至少處至多之地爻雖賤衆亦從之小畜彖云柔得位而上下應之是也或有遺爻而舉二體者卦體

不由乎爻也遺棄也棄此一爻而舉二體以明其義卦體之義不在一爻豐歸妹之類是也繁而不憂亂變而不憂惑約以存博簡以濟衆其唯彖乎簡易者道也君也萬物是衆道能生物君能養民物雖繁而不憂錯亂爻雖變不憂迷惑亂而不能惑變而不能渝非天下之至賾其孰能與於此乎萬物雖雜不能惑其君六爻雖變不能渝其主非天下之至賾神武之君其孰能与於此言不能也○渝羊朱反賾音仕責反与音預故觀彖以斯義可見矣觀彖以斯其義可見○觀彖以斯一本作以彖觀之

明爻通變

夫爻者何也將釋其義叚設問辭言乎變者也爻者效也物剛效剛物柔效柔遇物而變動有所之故云言乎變者也變者何也情偽之所為也變之所生生於情偽情偽所適巧詐多端故云情偽之所為也夫情偽之動非數之所求也情欲偽動數莫能求故合散屈伸與體相乖物之為體或性同行乖情貌相違同歸殊塗一致百慮故睽卦六二引吉无咎萃之為體貴相從就六二志在靜退不欲相就人之多辟己獨勅正其體雖合志則不同故曰合散乾之初九潛龍勿用身雖潛屈情无憂悶其志則申故曰屈伸形躁好靜質

柔愛剛體與情反質與願違至如風虎雲龍嘯吟相感物之體性形願相從此則情體乖違質願相反故歸妹九四歸妹愆期遲歸有時四體是震是形躁也愆期待時是好靜也履卦六三武人爲于大君志剛也兊體是陰是質柔也志懷剛武人爲于大君是愛剛也○好呼報反工巧歷不能定其筭數聖明不能爲之典要萬物之情動變多端雖復巧歷聖明不能定筭其數制典法立要會也法制所不能齊度量所不能均也雖復法制度量不能均齊詐偽長短○量音亮爲之乎豈在夫大哉情有巧偽變動相乖不在於大而聖明巧歷尚測不知豈在乎大哉陵三軍者或懼於朝廷之儀暴威武者或困於酒色之娛陵三軍暴威武觀死如歸若獻酬揖讓汗成霡霂此皆躰質剛猛懼在微小故大畜初九有厲利已九三輿說輻雖復剛健怯於柔弱也○朝直遥反廷音定近不必比遠不必乖近交不必親比遠交不必乖離屯六二初九爻雖相近守貞不從九五雖遠十年乃字此例是也○比毗志反同聲相應高下不必均也初四二五三上同聲相應不必均高卑也同氣相求體質不必齊也同氣相求不必齊形質也召雲者龍命呂者律雲水氣也龍水畜也召水氣者水畜此明有識感无識命陰呂者陽律此明无識感有識故二女相違而剛柔合體二女俱是陰類而相違剛柔雖異而合躰此明異類相應隆墀

求歎遠壑必盈隆高也墀水中墀也求長也處高墀而長歎遠壑之中盈響而應九五尊高踰於隆墀六二卑下同於遠壑唱和相應也○墀本又作坻音直其反坻螘冢壑火各反投戈散地則六親不能相保投置也散逃也置兵戈於逃散之地雖是至親不能相保守也遯卦九四好遯君子吉處身於外難在於內處外則超然遠遯初六至親不能相保守也同舟而濟則胡越何患乎異心同在一舟而俱濟彼岸胡越雖殊其心皆同若漸卦三四異體和好物莫能間順而相保似若同在一舟上下殊躰猶若胡越利用禦寇何患乎異心○而濟一本作而載故苟識其情不憂乖遠苟明其趣不煩強武苟識同志之情何憂胡越也苟知逃散之趣不勞用其威武也能說諸心能研諸慮諸物之心憂其凶患爻變示之則物心皆說諸侯之慮在於育物爻變告之其慮益精○說音悅睽而知其類異而知其通睽彖曰萬物睽而其事類也男女睽而其志同也其唯明爻者乎知取舍察安危辯吉凶知變化其唯明爻者乎故有善邇而遠至命宮而商應善脩治也邇近也近修治言語千里遠應若中孚之九二鳴鶴在陰其子和之鳴於此和於彼聲同則應有若宮商也○善邇善又作繕語偶許反脩下而高者降與彼而取此者服矣處下脩正高必命之否之初六拔茅貞吉九四有命疇離祉也与謂上也取謂下也君上福祿不獨有之下人服者感君之德大有六五厥孚交如威如吉之例是也是故

情僞相感遠近相追正應相感是實情蹇之二五之例不正相感是僞情頤之二上之例有應雖遠而相追睽之三上之例无應近則相取賁之二三之例是也愛惡相攻屈伸相推同人三四有愛有惡迭相攻伐否泰二卦一屈一伸更相推謝○惡音烏路反次章同見情者獲直往則違獲得也見彼之情往必得志也之六四求婚媾往吉无不利之例不揆則往彼必相違六三即鹿无虞惟入于林中君子幾不如舍往吝之例是也故擬議以成其變化語成器而後有格格作括括結也動則擬議極於變化語成器而後无結閡之患也○語成器而後有格或語成而後有格不知其所以爲主鼓舞而天下從者見乎其情者也鼓舞猶變化也易道變化應人如響退藏於密不知爲主也其爲變化萬物莫不從之而變是顯見其情繫辭曰聖人之情見乎辭又曰鼓之舞之以盡神是故範圍天地之化而不過曲成萬物而不遺範法也圍周圍也模範周圍天地變化之道而不過差委曲成就萬物而不有遺失通乎晝夜之道而無體一陰一陽而無窮陽通晝陰通夜晝夜猶變化也極神妙之道而无軆可明一者道也道者虛无也在陰之時不以生長而爲功在陽之時不以生長而爲力是以生長無窮若以生長爲功各盡於有物之功極豈得無窮乎非天下之至變其孰能與於此哉非六爻至極通變以應萬物則不能与於此也○與音豫是故卦以

存時爻以示變（卦以存時，爻以應变）
明卦適變通爻（〇本文作明卦通变適爻，人一本直云適变通爻）
夫卦者時也，爻者適時之變者也（卦者統一時之大義，爻者適時中之通变）。夫時
有否泰，故用有行藏（泰時則行，否時則藏〇否備鄙反）；卦有小大，故辭有
險易（陰長則小，陽生則大，否卦辭險，泰卦辭易〇易以豉反）。一時之制，可反而用也；一
時之吉，可反而凶也（一時有大畜比泰之制，反有天衢後夫復隍之用；一時有豐亨之用，反有羈旅之凶也）。故
卦以反對，而爻亦皆變（諸卦之躰兩相反正，其爻隨卦而变，泰之初九拔茅彙征吉，否之初六拔茅彙貞，卦
既隨時，爻变亦往也）。是故用無常道，事無軌度，動靜屈伸，唯變所適（
卦既推移，適用无常，爻逐時变，故事无軌度，動出靜入，屈往伸來，唯变所適也）。故名其卦，則吉凶從其類；
存其時，則動靜應其用（名其謙比則吉從其類，名其蹇剥則凶從其類，震時則動應其用，艮時則靜應其用）。
尋名以觀其吉凶，舉時以觀其動靜（尋謙比蹇剥則觀知吉凶也，舉艮震則觀知動
靜也），則一體之變，由斯見矣。夫應者，同志之象也；位者，爻

所處之象也得應則志同相和陰位小人所處陽位君子所處承乘者逆順之象也
遠近者險易之象也陰承陽則順陽承陰則逆故小過六五承剛逆也六二承陽順也遠難則易近難則險需卦九三近坎險也初九遠險易矣內外者出處之象也內卦是處外卦爲出初爲始上爲終初上者始終之象也
是故雖遠而可以動者得其應也雖險而可以處者得其時也上下雖遠而動者有其應革之六二去五雖遠陰陽相應往者无咎也雖險可以處者得其時也需上六居險之上不憂出穴之凶得其時也弱而不懼於敵者得所據也憂而不懼於亂者得所附也師之六五爲師之主躰是陰柔禽來犯田執言往討處得尊位所以不懼也遯九五嘉遯貞吉處遯之時小人浸長君子道消逃遯於外附著尊位率正小人不敢爲亂也柔而不憂於斷者得所御也躰雖柔弱不憂斷制良由柔御於陽終得剛勝雖後而敢爲之先者應其始也則噬嗑六五噬乾肉得黃金之例初爻處下有應於四者即是躰後而敢爲之先則泰之初九拔茅茹以其彙征吉之例是也○斷丁亂反物競而獨安於靜者要其終也物甚爭競己獨安靜會其終也大有上九自天祐之吉无不利餘並乘剛競其豐富己獨安靜不處於位由居上極要其終也○要音邀故觀變動者存乎應察安危者

存乎位爻有變動存乎應而有應動動則不失若謙之九三勞謙君子有終吉之例爻之安危在乎位則安若節之六四安節亨之例是失位則危若晉之九四晉如鼫鼠貞厲之類是也辯逆順者存乎承乘陽乘於陰逆也師之六二師或輿尸凶陰乘於陽順也噬嗑六三小吝無咎承於九四雖失其正小吝無咎也明出處者存乎外內遯君子處外臨君子處內遠近終始各存其會適得其時則吉失其要會則凶辟險尚遠趣時貴近遯之上九肥遯无不利此尚遠也觀之六四觀國之光利用賓于王此貴近也〇辟音避本亦作避後章同比復好先乾壯惡首比初六有孚无咎上六比之无首凶復之初九不遠復无祗悔元吉上六迷復凶乾上九亢龍有悔大壯上六羝羊觸藩不能退不能遂无攸利之例是也〇比毗志反好呼報反明夷務闇豐尚光大明夷彖云利艱貞晦其明也豐彖云勿憂宜日中是也吉凶有時不可犯也時有吉凶不可越分輕犯動靜有適不可過也動靜適時不可過越而動犯時之忌罪不在大失其所適過不在深若夬之九三壯于頄有凶得位有應時方陽長同決小人三獨應之犯時之忌凶其宜也大過九四棟隆吉有它吝大過之時陽處陰位爲美九四陽處陰位能隆其棟良由應初則有它吝此所適違時動天下滅君主而不可危也事之大者震動宇宙弑滅君主違於臣道不可傾危若離之九四突如其來如焚如死如棄如之例是也侮妻子用顏

色而不可易也事之小者侮慢妻子用顏色若家人尚嚴不可慢易也若家人九三家人嗃嗃悔厲吉婦子嘻嘻終吝○侮亡甫反
故當其列貴賤之時其位不可犯也位有貴賤爻有尊卑職分既定不可觸犯○當如字
遇其憂悔吝之時其介不可慢也吉凶之始彰也存乎微兆悔吝纖介雖細不可慢易而不慎也○介音界本又作分符問反
觀爻思變變斯盡矣

明象

夫象者出意者也言者明象者也立象所以表出其意作其言者顯明其象若乾能變化龍是變物欲明乾象假龍以明乾欲明龍者假言以象龍龍則象意也
盡意莫若象盡象莫若言象以表意言以盡象言生於象故可尋言以觀象若言能生龍尋言可以觀龍象生於意
故可尋象以觀意乾能明意尋乾以觀其意○觀意本亦作見意意以象盡象以言
著意之盡也象以盡之象之著也言以著之故言者所以明象得象而忘言象者
所以存意得意而忘象既得龍象其言可忘既得乾象其龍可捨猶蹄者所以在
兔得兔而忘蹄蹄以喻言兔以喻象存蹄得兔得兔忘蹄○蹄音啼兔他故反字又作菟筌者所以在

魚得魚而忘筌也 求魚在筌得魚弃筌○筌七全反筌蹄事見莊子 然則言者象之蹄也象者意之筌也 蹄以喻言筌以比象 是故存言者非得象者也存象者非得意者也 未得象者存言言則非象未得意者存象象則非意 象生於意而存象焉則所存者乃非其象也 所存者在意也 言生於象而存言焉則所存者乃非其言也 所存者在象也 然則忘象者乃得意者也忘言者乃得象者也 忘象得意忘言得象 得意在忘象得象在忘言 弃執而從得之 故立象以盡意而象可忘也重畫以盡情而畫可忘也 盡意可遺象盡情可遺畫若盡和同之意忘其天火之象得同志之心拔茅之畫盡可弃也○重直龍反畫胡麥反下同 是故觸類可爲其象合義可爲其徵 徵驗也觸逢事類則爲象與龍牛馬虺狐鼠之類大人君子義同爲驗也 義苟在健何必馬乎類苟在順何必牛乎 大壯九三有乾亦云羝羊坤卦无乾彖亦云牝馬 爻苟合順何必坤乃爲牛義苟應健何必乾乃爲馬 遯無坤六二亦稱牛明夷無乾六二亦稱馬○應音鷹 而或者定馬於乾 唯執乾爲馬其象未

弘也。案文賁卦有馬無乾則僞說滋漫難可紀矣互體不足遂及卦變變又不足推致五行（廣推金木水火土爲象也○漫音末半反）一失其原巧愈彌甚（一失聖人之原旨廣爲譬喻削失之甚）縱復或值而義無所取蓋存象忘意之由也（失魚兎則空守筌蹄遺健順則空說龍馬）忘象以求其意義斯見矣（○復扶又反）

辯位

案象無初上得位失位之文（陰陽居之不云得失）又繫辭但論三五二四同功異位亦不及初上何乎（同其意也○繫户計反下同）唯乾上九文言云貴而無位（陽居之也）需上六云雖不當位（陰居之也）若以上爲陰位邪則需上六不得云不當位也若以上爲陽位邪則乾上九不得云貴而無位也陰陽處之皆云非位而初亦不說當位失位也（不論當位失位凶吉之由）然則初上者是事之

終始無陰陽定位也（初爲始上爲終施之於人爲終始非祿位之地也）故乾初謂之潛過五謂之無位未有釋其位而云潛上有位而云無者也歷觀衆卦盡亦如之初上無陰陽定位亦以明矣夫位者列貴賤之地待才用之宅也（宅居也二四陰賤小人居之三五陽貴君子居之）爻者守位分之任應貴賤之序者也（名守其位應之以序○分扶問反下同）位有尊卑爻有陰陽尊者陽之所釋卑者陰之所履也故以尊爲陽位卑爲陰位去初上而論位分則三五各在一卦之上亦何得不謂之陽位二四各在一卦之下亦何得不謂之陰位初上者體之終始事之先後也故位無常分事無常所非可以陰陽定也尊卑有常序終始無常主（四爻有尊卑之序終始無陰陽之常主也○去羌呂反）故繫辭但論四爻功位之通例而不及初上之定位也然事不可無終始卦不可無

六爻初上雖無陰陽本位是終始之地也統而論之爻之所處則謂之位卦以六爻爲成則不得不謂之六位時成也○无六爻无亦作損

略例下舊本如此本或无下字

凡體具四德者則轉以勝者爲先故曰元亨利貞也元爲生物之始春也亨爲會聚於物夏也利爲和諧品物秋也貞能幹濟於物冬也乾用此四德以成君子大人之法也其有先貞而後亨者由於貞也離卦云利貞亨凡陰陽者相求之物也近而不相得者志各有所存也比之六三處二四之間四自外比二爲五貞所與此者皆非已親是有所存者也故凡陰陽二爻率相比而無應則近而不相得隨之六二係丈夫九四隨有獲是无應而相得之例也○率音類又音律又所律反比毗志反有應則雖遠而相得既濟六二有應於五上与初三相近情不相得之例然時有險易卦有小大否險泰易遯小臨大○易以豉反同救以相親同辟以相疏睽之初九九四陰陽非應但是睽孤同處睽下交孚相救而得悔亡是同救相親困之初六有應於四潛身幽谷九四有應於初來徐徐志意懷疑同避金車兩相疏遠也故或有違斯例者也然存

時以考之義可得也【或有情僞生違此例者存其時考其驗莫不得之】凡彖者統論一卦之體者也象者各辯一爻之義者也【彖統論卦躰象各明一爻之義】故履卦六三爲兑之主以應於乾成卦之體在斯一爻故彖叙其應雖危而亨也【彖云柔履剛説而應乎乾是以履虎尾不咥人亨也】象則各言六爻之義明其吉凶之行去六三成卦之體而指説一爻之德故危不獲亨而見咥也【六三履虎尾咥人凶彖言不咥象言見咥明爻彖其義各異也○行下孟反去起呂反咥直結反】訟之九二亦同斯義【訟彖云有孚窒惕中吉剛來而得中注云其在一乎以剛而求正夫群小斷不失中應斯任矣九二不克訟歸而逋其邑人三百戸無眚也】凡彖者通論一卦之體者也一卦之體必由一爻爲主則指明一爻之美以統一卦之義䷍大有之類是也卦體不由乎一爻則全以二體之義明之䷶豐卦之類是也凡言無咎者本皆有咎者也防得其道故得无咎也【乾之九三君子終日乾乾无咎若防失其道則有過】

咎也吉無咎者本亦有咎由吉故得免也師貞丈人吉无咎注云興役動衆无功罪也故吉乃免咎無咎吉者先免於咎而後吉從之也比初六有孚比之无咎終來有它吉之例也或亦勳得其時吉不待功不犯於咎則獲吉也需之九二需于沙小有言終吉注云近不逼難遠不後時履健居中以待其會雖小有言以吉終也或有罪自己招無所怨咎亦曰無咎故節六三曰不節若則嗟若無咎象曰不節之嗟又誰咎也此之謂矣○怨紆万反又紆元反

卦略○凡十一卦

䷂屯此一卦皆陰爻求陽也屯難之世弱者不能自濟必依於彊民思其主之時也故陰爻皆先求陽不召自往焉雖班如而猶不廢不得其主無所馮也初體陽爻勳首居下應民所求合其所望故大得民也江海處下百川歸之君能下物萬人歸之○難乃旦反遯明夷卦同馮皮氷反本亦作憑

䷃蒙此一卦陰爻亦先求陽夫陰昧而陽明陰困童蒙陽能發之凡不識者求問識者識者不求所告闇者求明明者不諮於闇故童蒙求我匪我求童蒙也故六三先唱則犯於爲女四遠於陽則困蒙吝初比於陽則發蒙也○昧音妹諮本亦作資遠袁万反觀明夷卦同比毗志反

䷉履雜卦曰履不處也又曰履者禮也謙以制禮陽處陰位謙也故此一卦皆以陽處陰爲美也九五夬履貞厲履道惡盈而五處尊位二居陽位則見至也○履不處謂陽爻不處其位爲美履者礼也今雜卦无此句韓注有或傳寫者誤

䷒臨此剛長之卦也剛勝則柔危矣柔有其德乃得免咎故此一卦陰爻雖美莫過无咎也○長丁丈反遯卦同

䷓觀之爲義以所見爲美者也故以近尊爲尚遠之爲吝遠爲童觀近爲觀國○觀古乱反以所見一本所作知近附之近明夷卦同

䷛大過者棟橈之世也本末皆弱棟已橈矣而守其常則是危而弗扶凶之道也以陽居陰拯弱之義也故陽爻皆以居陰位爲美濟衰救危唯在同好則所贍褊矣九四有應則有它吝九二无應則无不利也大過之時陽處陰位心无係應爲美陽得位有應則凶也○橈乃孝反拯拯救之拯好呼報反贍常豔反褊必淺反

䷠遯小人浸長難在於內亨在於外與臨卦相對者也臨剛長則柔危遯柔長故剛遯也遯以遠時爲吉不係於上則肥遯初則有厲○浸子鴆反長張丈反亨許庚反

䷡大壯未有違謙越禮能全其壯者也故陽爻皆以處陰位爲美用壯處謙壯乃全也用壯處壯則觸藩矣○觸昌錄反藩扶袁反

䷣明夷爲闇之主在於上六初最遠之故曰君子于行

五最近之而難不能溺故謂之箕子之貞明不可息也三處明極而往至闇故曰南狩獲其大首也（遠難藏明明夷之義○遠于万反溺寧歷反近附近之近難乃旦反）

䷥睽者睽而通也於兩卦之極觀之義最見矣極睽而合極異而通故先見怪焉洽乃疑七也（火動而上澤動而下睽義見矣○見賢遍反豐卦同洽咸夾反本又作合）

䷶豐此一卦明以動之卦也尚於光顯宣揚發暢者也故爻皆以居陽位又不應陰爲美其統在於惡闇而已矣小闇謂之沛大闇謂之蔀闇甚則明盡未盡則明昧明盡則斗星見明微故見昧無明則無與乎世見昧則不可以大事折其右肱雖左肱在豈足用乎日中之盛而見昧而已豈足任乎（豐之爲義貴在光大惡於闇昧也○惡烏路反沛步貝反又普貝反蔀步口反）

眛音妹本亦作妹又作沫皆末貝反下文同与如字又音豫折之舌反

周易卷第十

天啓七年丁卯歲三月旾董其昌觀于禎仙廬

萬曆庚辰三月二日文嘉閱

崇禎壬申午日黄子羽携過清瑶嶼與張異度同觀去先叔祖文水翁題識時巳五十二年矣 震孟

崇禎甲戌陽月過趺影齋焚香觀陸孟鳧曹孟林葛君常在座

文從簡

此真北宋佳本人世存者尠矣宜董文
諸公欽愛而珍異之吾家世有舊刻
久多散佚此書得之玉峯徐氏吉
光片羽為味經窩藏書第一子〻
孫〻其善守之
乾隆二十九年歲在甲申味經秦蕙田識

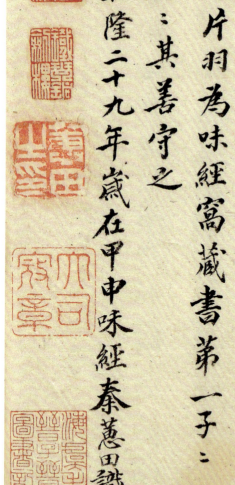